BURTON G. MALKIEL
Autor des Bestsellers „A Random Walk Down Wall Street“

Die Grundlagen der Geldanlage

CHARLES D. ELLIS
Autor des Bestsellers „Winning the Looser's Game“

Die Originalausgabe erschien unter dem Titel
The Elements of Investing
ISBN 978-0-470-52849-5

Übersetzung: Egbert Neumüller
Gestaltung und Satz: Jürgen Hetz, denksportler Grafikmanufaktur
Gestaltung und Herstellung: Johanna Wack, Börsenbuchverlag
Lektorat: Claus Rosenkranz
Druck: CPI – Ebner & Spiegel, Ulm

ISBN 978-3-941493-41-4

Bibliografische Information der Deutschen Nationalbibliothek:
Die Deutsche Nationalbibliothek verzeichnet diese Publikation in der
Deutschen Nationalbibliografie; detaillierte bibliografische Daten
sind im Internet über <http://dnb.d-nb.de> abrufbar.

BÖRSEN MEDIEN
AKTIENGESELLSCHAFT

Postfach 1449 • 95305 Kulmbach
Tel: 0 92 21-90 51-0 • Fax: 0 92 21-90 51-44 44
E-Mail: buecher@boersenmedien.de
www.boersenbuchverlag.de

Unseren entzückenden Enkelkindern,
Porter, Mackie, Jade, Morgan, Charles und Ray

Inhalt

Danksagungen

William S. Rukeyser – ein brillanter Redakteur – setzte sich dafür ein, jede einzelne Seite klarer und einfacher zu machen. Im Namen aller Leser: Danke, Bill.

Wir ziehen auch den Hut vor unseren wundervollen Ehefrauen Nancy Weiss Malkiel und Linda Koch Lorimer. Vanessa Mobley, Meg Freeborn und Bill Falloon stellten scharfsinnige Fragen und machten viele hilfreiche Vorschläge. Ellen DiPippo, Catharine Fortin und Kimberly Breed leisteten wichtige Beiträge, indem sie unser unleserliches Gekritzel in leserliche Seiten verwandelten.

Wir danken dem Center for Economic Policy Studies der Princeton University für die finanzielle Unterstützung.

Und schließlich vielen, vielen Dank an unsere Schüler, Lehrer und Freunde in der Anleger-Zunft, zu denen wir zu unserem Glück Peter Bernstein, Jack Bogle, Warren Buffett, David Dodd, Ben Graham,

Tad Jeffrey, Marty Leibowitz, Jay Light, Charlie Munger, Roger Murray, John Neff, Paul Samuelson, Gus Sauter, Bill Sharpe und David Swensen zählen dürfen.

Vorwort

In *Die Grundlagen der Geldanlage* bündeln Charley Ellis und Burt Malkiel, zwei der klügsten Köpfe der Investment-Welt, ihre Kräfte, um eine vorzügliche Anleitung für die persönliche Finanzplanung vorzulegen. Nachdem sie bereits zwei der besten Bücher über Finanzmärkte geschrieben haben – Ellis *Winning the Loser's Game* und Malkiel *Börsenerfolg ist (k)ein Zufall* –, wieso sollten die Autoren das Thema ihrer bereits zu Klassikern gewordenen Bücher erneut aufgreifen? Die traurige Wahrheit ist, dass sich in der Kakophonie der Ratschläge für Privatanleger nur wenige vernünftige Stimmen erheben. Mit den *Grundlagen der Geldanlage* erweisen die Autoren dem Laien einen wertvollen Dienst, denn darin reduzieren sie ihre Botschaft auf das wirklich Wesentliche, wobei sie Albert Einsteins Ratschlag befolgen: „Man sollte alles so einfach wie möglich machen, aber auch nicht einfacher."

Dem Anleger stehen drei Werkzeuge zur Verfügung, die er für das Portfolio-Management verwenden kann – Asset Allocation, Market Timing und die Auswahl einzelner Wertpapiere. Die Asset Allocation basiert auf langfristigen Zielen für die einzelnen Anlageklassen, in die ein Anleger investiert. Beim Market Timing geht man kurzfristige Wetten gegen die langfristigen Ziele der Asset Allocation ein. Die Wertpapierauswahl befasst sich mit der Zusammensetzung der Anlageklassen, für deren Einsatz sich der Anleger entscheidet.
Ellis und Malkiel konzentrieren sich zu Recht auf die Asset Allocation, denn sie ist zu mehr als 100 Prozent für die Erträge der Anleger verantwortlich. Doch wie kann es sein, dass mehr als 100 Prozent des Ertrags auf den Entscheidungen der Asset Allocation beruhen? Market Timing und Wertpapierauswahl ziehen beträchtliche Kosten in Form von Verwaltungsgebühren nach sich, die an externe Berater abgeführt werden müssen, und in Form von Gebühren, die von Brokern kassiert werden. Diese Kosten senken den Ertrag der Anleger um die Gesamtheit der Kosten für die Vermögensverwaltung, die von den Anlegern an ihre Finanzberater gehen. Die kostspieligen Aktivitäten des Market Timings und der Wertpapierauswahl schmälern somit den Ertrag, der für die Gemeinschaft der Anleger zur Verfügung steht. Aus diesem Grund zeichnet die Asset Allocation für mehr als 100 Prozent des Ertrags verantwortlich.
Ellis und Malkiel beobachten, dass die Anleger konsequent falsche Timing-Entscheidungen treffen, indem sie Aktien mit Spitzenperformance nachjagen und Nachzügler abstoßen. Eine Studie nach der anderen zu den Handelsaktivitäten von Investmentfonds kommt zu dem Schluss, dass die Anleger bei hohen Kursen kaufen und bei niedrigen verkaufen. Dies bedeutet, dass ihre Timing-Entscheidungen den Wert mindern. Ellis und Malkiel geben Anlegern den vernünftigen Ratschlag, sich eine konsequente, langfristige Strategie zu eigen zu machen und sich daran zu halten.

Die Auswahl einzelner Wertpapiere schmälert die Erträge noch stärker. Ellis und Malkiel führen deprimierende Statistiken an, aus denen hervorgeht, dass es der Mehrzahl der Investmentfonds-Manager nicht gelingt, die Renditen preisgünstiger passiver Indexstrategien, die der Marktrendite entsprechen, zu übertreffen. Die vorgelegten traurigen Zahlen dokumentieren aber nur die Spitze des Eisbergs.

Ellis und Malkiel zitieren nur Zahlen derjenigen Fonds, die überlebt haben – und dies ist eine relativ erfolgreiche Untergruppe im Universum der Investmentfonds. Die Gescheiterten, die als Gruppe betrachtet verheerende Resultate erzielt haben, sind nicht annähernd quantifizierbar. Viele Fonds sind einfach verschwunden. Das Center for Research in Security Prices sammelt Daten über alle Investmentfonds – tot oder lebendig. Im Dezember 2008 verfügte das Center über Daten zu 39.000 Fonds, von denen nur 26.000 aktiv waren. Die 13.000 bankrotten Fonds tauchen in den Studien der Autoren über vergangene Erträge nicht auf, weil diese Fonds keine aktuellen Erfolgsbilanzen vorzuweisen haben – schließlich sind sie ja verschwunden. Das Schicksal der toten und lebendigen Investmentfonds untermauert zusätzlich die Empfehlung von Ellis und Malkiel, sich an die preisgünstige passive Methode zu halten.

Selbstverständlich gibt es auch an einem schmalen Bändchen etwas zu kritisieren. Ich betrachte ein Haus eher als einen Gebrauchsgegenstand denn als Geldanlage. Ich sehe es mit Skepsis, dass Ellis und Malkiel stillschweigend das Stock-Picking befürworten, wenn sie bekennen, dass sie persönlich mit der Wertpapierauswahl erfolgreich waren. (Ist es etwa erstaunlich, dass zwei der bedeutendsten Akteure der modernen Finanzwelt herausfinden, wie man den Markt schlägt? Ja, sie können Aktien auswählen – und wir anderen können es nicht.) Ich empfehle mit größerem Nachdruck die Firma Vanguard, die ebenso wie die TIAA-CREF nicht gewinnorientiert arbeitet und deshalb den allgegenwärtigen Interessenkonflikt der Geldverwaltungsbranche von Gewinnorientierung und treuhänderischer Verantwortung umgeht. Abgesehen von solchen persönlichen Anmerkungen vermittelt *Die Grundlagen der Geldanlage* eine wichtige und grundsätzlich wertvolle Botschaft.

Als ich Ende der 1970er-Jahre in Yale studierte, riet mir mein Doktorvater, der Nobelpreisträger James Tobin, ich solle *Börsenerfolg ist (k)ein Zufall* lesen, um zu lernen, wie die Märkte wirklich funktionieren. Burt Malkiels wundervolles Buch bildete das entscheidende Fundament meiner wissenschaftlichen Arbeit. Als ich Mitte der 1980er-Jahre nach Yale zurückkehrte, um den Stiftungsfonds der Uni zu managen, stieß ich auf *Investment Policy*, den Vorgänger von *Winning the Loser's Game*. Dieses fabelhafte Buch von Charley Ellis hat meine Herangehensweise an die Vermögensverwaltung auf unzählige Arten und Weisen bereichert. Und jetzt legen Charley Ellis und Burt Malkiel ein hervorragendes Lehrbuch der Geldanlage für uns alle vor. Folgen Sie ihren Empfehlungen und profitieren Sie davon!

David F. Swensen
Autor von *Erfolgreich investieren. Strategien für Privatanleger*
Chief Investment Officer der Yale University
Im Juli 2009

Einführung

Nach 100 Jahren Forschung und Erfahrung* legen wir hier die Grundlagen der Geldanlage vor, von denen wir wünschten, wir hätten sie schon immer gekannt. Es mag sein, dass Erfahrung der beste Lehrer ist, aber man bezahlt ziemlich viel Lehrgeld. Unser Ziel ist es, Privatanlegern – auch unseren entzückenden Enkelkindern – die Grundprinzipien für lebenslangen finanziellen Erfolg dank Sparen und Anlegen zu präsentieren, und zwar auf 120 schnörkellosen Seiten, die man innerhalb von zwei Stunden lesen kann. Es gibt viele gute Bücher über Geldanlage (wir haben sogar ein paar selbst geschrieben). Aber die meisten Bücher über Geldanlage sind 400 Seiten lang oder gar noch länger und befassen sich mit komplizierten Details, vor denen die meisten normalen Menschen kapitulieren.

* Burt 52 und Charley 48

Wenn es Ihnen so geht wie den meisten Menschen, haben Sie weder die nötige Geduld noch das Interesse, sich durch derart viele Einzelheiten zu kämpfen. Sie wollen einfach nur die entscheidenden Dinge richtig machen. Trotzdem sind unparteiische Informationen über Finanzentscheidungen und die Vermeidung kostspieliger Anlagefehler unentbehrlich.

Deshalb stellen wir die wichtigsten Lehren in diesem gut lesbaren Buch ohne Fachchinesisch vor. Falls sie zufällig den Klassiker *The Elements of Style* von William Strunk junior und E. B. White kennen, werden Sie darin eine der ursprünglichen Inspirationsquellen dieses Buches erkennen – und den Grund, weshalb wir uns kurz fassen. Wenn Sie Strunk und White nicht kennen, macht das nichts. Sie brauchen nur zu wissen, dass sie die Kunst des effizienten Schreibens auf ein paar wenige Grundregeln des Sprachgebrauchs und des Aufbaus herunterdestilliert haben. Auf nicht einmal 92 Seiten vermittelten sie *alles* wirklich Wichtige über das Schreiben. Kürze und Genauigkeit wurden augenblicklich zu Tugenden. Der hauchdünne Klassiker von Strunk und White hält sich schon seit Jahrzehnten tapfer. Er wird uns zweifellos alle überleben.

Und nun trauen wir uns, das ebenso wichtige Thema Geldanlage anzugehen. Wir waren überrascht, dass sich *alles* Wichtige über ein derart spannendes Thema auf Regeln reduzieren lässt, die man an den Fingern einer Hand abzählen kann.

Ja – so einfach kann Geldanlage sein, wenn das Hirn nicht von ermüdenden Ausführungen vernebelt wird. Diese Regeln *machen tatsächlich den Unterschied aus.*

Unser Versprechen: Die Zeit, die Sie in die Lektüre dieses Buches investieren, ist hervorragend angelegt. Sie ist die beste Investition auf Ihrem Weg zur langfristigen finanziellen Sicherheit. Danach können Sie im Laufe Ihres Lebens das Buch immer wieder einmal zur Hand nehmen, seine Lehren überfliegen und sich selbst wieder in

Erinnerung rufen, worauf es ankommt, wenn man ein Verlierer-Spiel in eines verwandeln will, das man wirklich gewinnen kann.

Am Anfang steht das Sparen

Dies ist ein kurzes, geradliniges Buch zum Thema Geldanlage. Unser Ziel ist es, Ihre finanzielle Sicherheit dadurch zu erhöhen, dass wir Ihnen dabei helfen, bessere Investment-Entscheidungen zu treffen. Wir wollen Ihnen einen lebenslangen Weg des finanziellen Erfolges aufzeigen, und zwar vor allem den in einen komfortablen und finanziell abgesicherten Ruhestand.

Lassen Sie sich von niemandem einreden, Geldanlage sei für normale Menschen zu kompliziert.

Wir wollen Ihnen beweisen, dass jeder Mensch gut begründete finanzielle Entscheidungen treffen kann. Allerdings ist es völlig unerheblich, ob man eine Rendite von zwei Prozent, fünf Prozent oder gar zehn Prozent erzielt – wenn man überhaupt nichts zum Anlegen hat.

Am Anfang steht also das Sparen.

ES IST GANZ EGAL, OB MAN EINE RENDITE VON ZWEI PROZENT, FÜNF PROZENT ODER GAR ZEHN PROZENT ERZIELT – WENN MAN ÜBERHAUPT NICHTS ZUM ANLEGEN HAT.

1.

Sparen Sie

Sparen Sie. Der Kapitalbetrag, mit dem Sie anfangen, ist nicht so wichtig. Worauf es ankommt, ist, Ihr Leben so einzurichten, dass Sie regelmäßig sparen – und so früh wie möglich damit anzufangen. In einer Bank hing einmal ein Schild:

> „Sie können sich hier nach und nach
> eine sichere kleine Reserve zusammensparen,
> ***aber nur, wenn Sie damit anfangen.***“

Der schnelle Weg zum Überfluss ist ganz leicht: Geben Sie weniger aus, als Sie einnehmen – und schon *sind* Sie wohlhabend, weil mehr hereinkommt als hinausgeht. Sie haben „mehr“ – mehr als genug. Dabei ist es ganz egal, ob Sie gerade die Ausbildung hinter sich haben oder ob Sie Multimillionär sind. Wir haben alle schon Geschichten über den Lehrer gehört, der ein bescheidenes Leben geführt, das Leben genossen und am Ende mehr als eine Million Dollar hinterlassen hat – wahrer Wohlstand nach einem Leben sorgfältig geplanter Ausgaben. Und uns ist die wichtige Tatsache bekannt: Der Mann war ein Sparer.

Umgekehrt geht es aber auch. Eine wahre Geschichte: Einem Mann mit einem jährlichen Einkommen von mehr als zehn Millionen Dollar ging ständig das Geld aus. Deshalb suchte er immer wieder die Verwalter des riesigen Familienvermögens auf, um sich noch mehr auszahlen zu lassen. Warum? Weil er einen aufwendigen Lebensstil hatte – ein Privatflugzeug, mehrere große Häuser, häufige Gemäldekäufe, verschwenderische Zerstreuungen und so weiter. Und dieser Mann war sehr unglücklich.

Die Figur Wilkins Micawber aus Charles Dickens' Roman *David Copperfield* hat folgendes mittlerweile berühmte Gesetz formuliert:

> „Jahreseinkommen 20 Pfund, Jahresausgaben 19 Pfund,
> 19 Shilling, 6 Pence ergibt Zufriedenheit.
> Jahreseinkommen 20 Pfund, Jahresausgaben 20 Pfund
> 6 Pence ergibt Elend."

Sparen tut uns gut – aus zwei Gründen. Wenn man spart, verhindert man erstens, dass man etwas nachtrauert. Der Dichter John Greenleaf Whittier hat einmal geschrieben: „Die traurigsten aller traurigen Worte von Zunge und Feder sind ‚es hätte sein können'."*

„Ich hätte" und „ich wünschte" sind zwei weitere Vertreter der traurigsten Formulierungen aller Zeiten.

Der zweite Grund, der für das Sparen spricht, ist ein positiver. Die meisten von uns genießen das Plus an Sicherheit und das Gefühl, etwas erreicht zu haben. Es resultiert sowohl aus dem *Vorgang* des Sparens als auch aus dem *Ergebnis* – dass man sowohl in der Gegenwart als auch in der Zukunft mehr Wahlmöglichkeiten hat.

* Diese Zeile stammt aus dem Gedicht „Maud Muller", geschrieben 1856.

Dass wir später nichts bereuen, ist oder wird irgendwann für uns alle wichtig. Es ist aber ebenso wichtig, in der Gegenwart nichts zu bereuen. Vernünftiges Sparen tut gut, Entbehrung nicht. Versuchen Sie also nicht, zu viel zu sparen. Sie brauchen Sparmöglichkeiten, die Sie immer und immer wieder nutzen können, indem Sie sie zu *Ihren* neuen guten Angewohnheiten machen.*

Der eigentliche Zweck des Sparens ist die Möglichkeit, seine *eigenen* Prioritäten umzusetzen – und nicht, Opfer zu bringen. Ziel des Sparens ist es nicht, sich selbst bis aufs Letzte auszupressen oder sich eingeengt zu fühlen. Ganz und gar nicht! Es geht darum, sich besser zu fühlen und ein besseres Leben zu führen, indem man die für sich selbst besten Entscheidungen trifft. Ersparnisse können Sie in die Lage versetzen, sich bietende attraktive Chancen zu nutzen, die *Ihnen* wichtig sind. Außerdem bahnt Sparen den Weg zu einem angenehmen Ruhestand. Stellen Sie sich das Sparen als eine Strategie vor, mehr von dem zu bekommen, was Sie wirklich wollen, brauchen und genießen. Machen Sie das Sparen zu einem guten Freund, der Ihnen behilflich ist.

ERSTENS: KEINEN SCHADEN ANRICHTEN

Der erste Schritt zum Sparen ist ein Ende des *Nicht*sparens – dass man mehr ausgibt, als man verdient, vor allem indem man seine Kreditkarten überzieht. Wenn überhaupt, dann gibt es nur wenige absolute Regeln für das Sparen und die Geldanlage, und unsere lautet folgendermaßen: *Häufen Sie nie – niemals – Kreditkartenschulden an.* Diese Regel ist das, was einem unverletzlichen Gebot so ziemlich am nächsten kommt. Scott Adams, der Erfinder der Dilbert-Comics, bezeichnet Kreditkarten als das „Crack der Finanzwelt.

* Oder wie Malcolm Gladwell in *Blink* empfiehlt: Versuchen Sie zu wachsen. Wenn man 1,83 m groß ist, verdient man nämlich im Jahr 5.000 Dollar mehr, weil unsere Gesellschaft große Menschen bevorzugt – diese schlagen deshalb besser bezahlte Karrieren ein.

Als gebührenfreier Weg zur sofortigen Belohnung fängt es an, doch ehe man sich versieht, atmet man den Geruch von Schuhen bei Nordstrom ein."

Kreditkartenschulden sind etwas Tolles – aber nicht für Sie (und auch für keine andere Privatperson). Kreditkartenschulden sind für die Kreditgeber etwas Tolles, und zwar nur für die Kreditgeber. Kreditkarten sind sehr praktisch, aber alles Gute hat seine Grenzen. Das Limit von Kreditkarten ist *nicht* das „Kreditlimit". Das einzig vernünftige Limit für Kreditkarten ist *null.*

Kreditkartenschulden sind durchaus verführerisch. Es ist einfach viel zu leicht, sich auf dieses Glatteis zu begeben – und in enorme Schulden hineinzuschlittern. Man wird nie – nun ja, fast nie – aufgefordert, seine Schulden abzutragen. Die Bank gestattet Ihnen „freundlicherweise", nur niedrige Monatsraten zu bezahlen. Ganz einfach. Viel zu einfach! Ihre Verbindlichkeiten häufen sich weiter und immer weiter an, bis Sie *den Brief* bekommen, in dem steht, dass Sie sich zu viel Geld geliehen haben, dass Ihre Zinsen erhöht werden und dass Sie irgendwie vom Szenario, dass Geld *zu* Ihnen fließt, auf das Szenario umstellen müssen, dass Geld *von* Ihnen an die Bank fließt. Dann haben Sie nicht nur Schulden, sondern auch noch *Ärger.* Wenn Sie nicht tun, was die Bank von Ihnen verlangt, werden rechtliche Schritte eingeleitet. Hören Sie auf unseren Rat! Manchen Sie nie, niemals, auf keinen Fall Kreditkartenschulden.

FANGEN SIE MIT DEM SPAREN FRÜH AN: ZEIT IST GELD

Das Geheimnis, wie man langsam aber sicher reich wird, ist das Wunder des Zinseszinses. Albert Einstein soll den Zinseszins einmal als mächtigste Kraft im Universum bezeichnet haben. Das Konzept besteht ganz einfach darin, dass man nicht nur aus seiner ursprünglichen Sparsumme einen Zinsertrag bezieht, sondern auch aus den Zinsen, die man mit dem angelegten Kapital verdient hat und die sich inzwischen angesammelt haben.

DAS GEHEIMNIS, WIE MAN LANGSAM ABER SICHER REICH WIRD, IST DAS WUNDER DES ZINSESZINSES.

Und wieso ist der Zinseszins so wichtig? Nehmen wir den US-Aktienmarkt als Beispiel. Aktien haben den Anlegern in den letzten 100 Jahren eine durchschnittliche Rendite von fast zehn Prozent beschert. Natürlich sind die Renditen von Jahr zu Jahr unterschiedlich, manchmal sogar sehr unterschiedlich, doch nehmen wir zur Veranschaulichung des Konzepts an, die Rendite würde jedes Jahr genau zehn Prozent betragen. Wenn man mit einer Anlagesumme von 100 Dollar anfangen würde, hätte man am Ende des ersten Jahres 110 Dollar auf dem Konto – die ursprünglichen 100 Dollar plus die zehn Dollar, die man verdient hat. Wenn man die zehn Dollar, die man im ersten Jahr verdient hat, liegen lässt und somit reinvestiert, fängt man das zweite Jahr mit 110 Dollar an und bekommt darauf elf Dollar Zinsen, sodass die Einlage am Ende des zweiten Jahres 121 Dollar beträgt. Im dritten Jahr verdient man 12,10 Dollar und hat danach 133,10 Dollar auf dem Konto. Rechnen Sie es selbst aus: Nach zehn Jahren würden Sie fast 260 Dollar haben – 60 Dollar mehr, als wenn Sie jedes Jahr nur zehn Dollar an „einfachen" Zinsen verdient hätten. Der Zinseszins *ist* wichtig!

DIE FANTASTISCHE 72ER-REGEL

Kennen Sie die fantastische 72er-Regel? Wenn nicht, dann lernen Sie sie jetzt und merken sie sich für immer. Sie ist ganz einfach, und sie offenbart das Geheimnis des Zinseszinses. Und hier ist sie: $X \times Y = 72$. Das bedeutet: X (die Anzahl von Jahren, die es dauert, bis sich Ihr

Geld verdoppelt) mal Y (die Rendite in Prozent, die das Geld abwirft) ist gleich 72.

Probieren wir das an einem Beispiel aus: Welche prozentuale Rendite benötigen Sie, um Ihr Geld in zehn Jahren zu verdoppeln? Die Antwort: 10 mal X = 72, also gilt: X = 7,2 Prozent.

Man kann die Regel auch so verwenden, dass man 72 durch eine beliebige prozentuale Rendite teilt, um herauszufinden, wie lange es bei dieser Rendite dauert, sein Geld zu verdoppeln. Beispiel: Wie lange dauert es bei acht Prozent, bis sich das Geld verdoppelt? Ganz einfach: neun Jahre (72 geteilt durch 8 = 9).

Ein weiteres Beispiel: Wie lange dauert die Verdoppelung des Geldes bei drei Prozent? Antwort: 24 Jahre (72 geteilt durch 3 = 24).

Und jetzt probieren Sie es andersherum: Wenn Ihnen jemand sagt, dass sich eine bestimmte Anlagesumme innerhalb von vier Jahren verdoppeln soll, welche Ertragsrate verspricht er Ihnen dann?

Antwort: 18 Prozent (72 geteilt durch 4 = 18).

Und wer die 72er-Regel kennt, ist fasziniert von dem, was aus ihr folgt: Wenn eine Rendite von zehn Prozent das Geld innerhalb von 7,2 Jahren verdoppelt, verdoppelt sie das Geld in den nächsten 7,2 Jahren noch einmal. Innerhalb von weniger als 15 Jahren (14,4 Jahre, um genau zu sein) haben Sie also *4-mal so viel* Geld – und in 28,8 Jahren *16-mal so viel.*

Das heißt, wenn Sie 25 Jahre alt sind und heute bei einem Essen in einem schicken Restaurant ein Glas Wein weniger trinken, dann könnten Sie vielleicht in 30 Jahren mit Ihrem Ehepartner den kumulierten Nutzen dieser Ersparnis in Form eines mehrgängigen Menüs in demselben Restaurant genießen. Die Macht des Zinseszinses – oder der Kumulierung – ist der Grund, weshalb jedermann unterschreibt, dass es gut ist, frühzeitig im Leben mit dem Sparen und Anlegen anzufangen. Es ist toll, wenn die mächtigen Kräfte der Zeit für einen arbeiten – 24 Stunden am Tag, 7 Tage die Woche. Zeit ist tatsächlich Geld, aber Georg Bernard Shaw hat einmal treffend gesagt: „Die jungen Leute wissen die Jugend nicht zu schätzen." Ach, wenn wir doch alle schon in jungen Jahren lernen könnten, was wir heute wissen! Wenn man Geld über längere Zeiträume verzinst, können sich gewaltige Beträge ansammeln. Wenn George Washington nur einen Dollar von seinem ersten Präsidentengehalt genommen und ihn zu acht Prozent angelegt hätte – die durchschnittliche Aktienrendite der letzten 200 Jahre –, wären seine Erben heute um rund acht Millionen Dollar reicher. Denken Sie jedes Mal daran, wenn Sie Washington auf einem Dollarschein sehen. Benjamin Franklins Geschichte hat sich tatsächlich zugetragen. Als Franklin im Jahr 1790 starb, hinterließ er seinen beiden Lieblingsstädten, Boston und Philadelphia, eine Spende von jeweils 5.000 Dollar. Er verfügte, dass das Geld angelegt werden und dass es zu zwei konkreten Zeitpunkten ausgezahlt werden sollte, nämlich nach den ersten 100 Jahren und nach den zweiten 100 Jahren, gerechnet ab dem Datum der Spende. Nach 100 Jahren durfte jede Stadt 500.000 Dollar für öffentliche Projekte abheben, und nach 200 Jahren – im Jahr 1991 – bekamen sie die gesamte Summe, die sich pro Stadt auf rund 20 Millionen Dollar kumuliert hatte. Franklins Beispiel verdeutlicht uns auf eindrucksvolle Art die Macht des Zinseszinses. Franklin selbst beschrieb die Vorzüge des Zinseszinses so: „Geld macht Geld. Und das Geld, das das Geld macht, macht auch Geld." In einem neueren Beispiel treffen wir zwei Zwillingsbrüder namens William und James, die heute 65 Jahre alt sind. William hat vor 45 Jahren, als er 20 war, ein Rentenkonto angelegt und am Anfang jedes Jahres 4.000 Dollar in den Aktienmarkt investiert. Nachdem er 20 Jahre lang eingezahlt hatte, also insgesamt 80.000 Dollar, legte er kein zusätzliches Geld mehr an, sondern ließ die kumulierten

Beiträge auf dem Konto liegen. Der Fonds erzielte zehn Prozent Rendite pro Jahr, steuerfrei. Sein Bruder James startete sein Rentenkonto im Alter von 40 Jahren (gerade als William die Einzahlungen einstellte) und zahlte 25 Jahre lang jedes Jahr 4.000 Dollar ein, also insgesamt 100.000 Dollar. Was glauben Sie, wessen Sparstrumpf war wohl größer, als die Brüder 65 Jahre alt wurden? Die Antwort ist verblüffend:

- William hatte fast 2,5 Millionen Dollar auf dem Konto.
- James hatte nicht einmal 400.000 Dollar auf dem Konto.

William hatte das Rennen klar gewonnen. Obwohl er weniger Geld investiert hatte als James, war sein Vermögen am Ende um mehr als 2 Millionen Dollar größer. Das Prinzip ist klar: Man kann viel mehr Geld ansammeln, wenn man früher anfängt und das Wunder des Zinseszinses klug ausnutzt.

Wir könnten noch Dutzende weiterer Beispiele mit konkreten Aktienrenditen durchrechnen. Es könnte beispielsweise sein, dass der eine Anleger zwar früh anfängt, aber kein glückliches Händchen beim Timing hat, sodass er jedes Jahr zu Jahreshöchstkursen investiert. Ein anderer Anleger fängt zwar später an, hat jedoch unverschämtes Glück, denn er kauft jedes Jahr zu Jahrestiefstkursen. Der erste Anleger – selbst wenn er eventuell weniger Geld investiert hat – häuft mehr Geld an, obwohl sein Timing so schlecht wie nur möglich war.

Es ist zwar gut und schön, wenn man Glück hat und den richtigen Zeitpunkt für die Geldanlage trifft, aber die Zeitdauer ist viel wichtiger als der Zeitpunkt. Man findet immer eine gute Ausrede, die Planung der Altersvorsorge aufzuschieben. Ihnen darf das nicht passieren. Sorgen Sie dafür, dass die Zeit auf Ihrer Seite ist. Wenn Sie auf alle Fälle reich werden wollen, müssen Sie geschickt vorgehen –

das heißt bedächtig –, und Sie müssen jetzt anfangen. Wie alle Finanzwerkzeuge muss auch die 72er-Regel klug angewendet werden. Es ist schön, wenn sie für einen arbeitet, aber es ist grässlich, wenn sie gegen einen arbeitet. Aus diesem Grund sind Kreditkartenschulden so gefährlich. Bei Kreditkartenschulden sind 18 Prozent Zinsen „normal". Und wenn man nicht sofort zurückzahlt, bezahlt man schon bald Zinsen auf Zinsen – und Zinsen auf die Zinsen aus den Zinsen.

Kreditkartenschulden sind das genaue Gegenteil einer großartigen Geldanlage. Hätten Sie nicht gern eine Anlage, die sich so schnell verzinst? Natürlich. Wir alle wollen sie. Bei 18 Prozent verdoppelt sich die Verschuldung innerhalb von nur *vier* Jahren – und in den nächsten vier Jahren verdoppelt sie sich wieder. Autsch! Das heißt, viermal so viele Schulden in nur acht Jahren – und es geht immer weiter so! Wegen dieses Zinseszinses haben die Banken so viele Kreditkarten an Menschen ausgegeben, die sie gar nicht kennen. Und das ist der Grund, weshalb Sie nie – *niemals* – irgendwelche Kreditkartenschulden machen sollten.

SCHLAUES SPAREN

Wir hören schon den Klage-Chor: „Ich *weiß*, dass der einzig sichere Weg zum wohlverdienten Ruhestand darin besteht, weniger auszugeben, als ich verdiene. Ich *weiß*, dass regelmäßiges Sparen der Schlüssel zum Vermögensaufbau ist, aber ich komme mit meinem Geld einfach nicht hin!" In diesem Kapitel bieten wir Ihnen Hilfe an, indem wir Ihnen bewährte Spartipps verraten. Der Erfolg hängt trotzdem von Ihnen ab.

Sparen ist wie Abnehmen. Beides erfordert Disziplin und beides hängt von dem richtigen Rahmen ab – der richtigen Einstellung zur Disziplin. Machen Sie sich zunächst eine wichtige Erkenntnis klar: Schlanke Menschen sind *gerne* schlank, und Sparer sparen *gerne*.

Für viele Menschen liegt der Schlüssel zum erfolgreichen Sparen darin, dass sie das Sparen als Spiel betrachten – ein Spiel um die Kontrolle. Sie haben ihr Leben unter Kontrolle und treffen die richtigen, wichtigen Entscheidungen, obwohl die Welt täglich mit Tausenden Versuchungen lockt.

Sowohl beim Sparen als auch beim Abnehmen kreist das Denken erfolgreicher Menschen um die *Vorzüge*, die sie genießen werden. Sparer freuen sich darüber, Sparer zu sein und Ersparnisse zu haben, so wie sich Menschen, die auf ihr Gewicht achten, daran erfreuen, dass sie schlank sind, dass sie so gut aussehen wie möglich, dass sie Komplimente bekommen, dass sie gesund sind und dass sie wissen, dass sie länger leben werden. Sparer genießen die innere Befriedigung darüber, dass sie ihre Finanzen im Griff haben, und das Wissen, dass sie für ihre finanzielle Unabhängigkeit und ihr künftiges Glück sorgen.

Warren Buffett, der weithin als der großartigste Anleger der Welt gilt, ist dafür bekannt, dass er persönlich wenig Geld ausgibt, obwohl sich sein Vermögen auf zig Milliarden Dollar beläuft. In Buffetts Augen kostet ein Dollar, den er frühzeitig in seinem Leben ausgegeben hat, sieben, acht oder noch mehr Dollar – eben den Betrag, zu dem der Dollar geworden wäre, wenn er ihn angelegt hätte.

Da die meisten Sparer und die meisten schlanken Menschen ihr Augenmerk darauf richten, die Vorteile zu genießen, die sich aus der Realisierung ihrer Ziele ergeben, können sie sich an dem *Prozess* des Sparens und an dem *Prozess* des Schlankbleibens erfreuen. Sie denken nicht in Begriffen von Entbehrung; sie sehen vielmehr, dass sie gute Fortschritte in Richtung ihres Ziels machen. Und während sie Fortschritte in Richtung auf ihr Ziel machen, empfinden sie Freude und Befriedigung darüber, dass sie es zu etwas bringen.

Sie können das auch. Das Geheimnis des Sparens ist rationales Verhalten. Rational zu sein ist einfach, doch keineswegs leicht, denn wir sind alle nur Menschen und wir sind so gestrickt, dass wir nicht die besten Sparer und Anleger sind. Den meisten von uns gelingt es, annähernd rational zu werden, indem wir mit einem oder mehreren guten Freunden ganz offen über dieses Thema sprechen. Am besten funktioniert das, wenn der Freund auch der Ehepartner ist, denn er oder sie ist Ihnen dann genauso wichtig, wie Sie es ihm oder ihr sind. Außerdem sind Sie dann natürlich wechselseitig voneinander abhängig.

Wenn Ihnen nach einer offenen Diskussion gefällt, was Sie über Ihre Ausgaben herausgefunden haben, ist das großartig. Weiter so! Wenn Ihnen jedoch wie den meisten von uns ein paar Dinge auffallen, die Sie stören, dann betrachten Sie diese „Fehlschläge" als Einladungen, es besser zu machen.

Am leichtesten fällt das Sparen, wenn man keine Spontankäufe tätigt. Machen Sie eine Einkaufsliste, *bevor* Sie in das Geschäft gehen, und halten Sie sich an die Liste. Es trägt dazu bei, dass Sie nicht nur konzentriert darüber nachdenken, *was* Sie mit Ihrem Geld anfangen, sondern auch darüber, *warum*.

Praktizieren Sie „doppelt bejahtes" Einkaufen, wenn Sie zusammen mit Ihrem Partner oder Ihrem Freund einkaufen gehen: Vereinbaren Sie, dass nichts gekauft wird, wenn nicht beide Ja dazu sagen.

Sparen verschafft Ihnen zusätzliche Mittel, die Sie für eine bessere Zukunft nutzen können. Lernen Sie durch Selbstbeobachtung, wie Sie Ihre Erfolgsquote beim klugen Geldausgeben *und* beim Sparen erhöhen können. Das Ziel ist klar: Möglichst viel von dem zu bekommen, was *Sie* wirklich in *Ihrem* Leben erreichen wollen.

Gehen Sie jeden Monat oder alle zwei Monate gemeinsam Ihre Ausgaben durch, einschließlich der Kreditkartenbelastungen. Haben Sie bei allen Ausgaben den entsprechenden Gegenwert für Ihr Geld bekommen? Haben sie sich in Ihren Augen alle gleichermaßen gelohnt? Vermutlich nicht. Konzentrieren Sie sich anschließend auf die fragwürdigsten Ausgaben. Hätten Sie ohne die eine oder andere davon genauso viel Spaß oder schöne Erinnerungen haben können? Hätten Sie sie problemlos durch etwas anderes ersetzen können? Lassen Sie sich manchmal von Freunden, von Verkäufern oder von Anzeigen dazu verleiten, mehr auszugeben als ursprünglich beabsichtigt? Haben Sie *noch nie* geprotzt – nicht einmal ein kleines bisschen? Da wir uns fast alle davon beeinflussen lassen, was wir an Unseresgleichen beobachten, besteht eine hohe Wahrscheinlichkeit, dass auch Sie sich beeinflussen lassen. Nehmen Sie sich für Ihre Entscheidungen also ein bisschen mehr Zeit.

Sie können ganz leicht nachprüfen, ob Sie sich davon beeinflussen lassen, was Ihre Nachbarn wohl denken: Wenn Sie der einzige Mensch wären, der jemals von einer bestimmten Ausgabe erfahren würde, würden Sie das Geld dann ausgeben? Wie wir alle wissen, ist das Mithalten mit den Nachbarn eine mächtige Triebkraft für Ausgaben. Wir möchten so sein wie unsere Freunde. Teenager sind nicht die einzigen Menschen, die sich so anziehen, wie sich „alle" anziehen. Deshalb sind Marken wie Prada, Givenchy und Polo so wertvoll.

Sehen Sie sich alle Ihre Ausgaben genau an und sortieren Sie sie in drei Körbe – höchster Gegenwert, durchschnittlicher Gegenwert und zweifelhafter Gegenwert. Versuchen Sie, diejenigen zu ermitteln, die genau genommen keinen wirklich hohen Wert für Sie haben. Und dann verschwenden sie dafür kein Geld mehr! Stecken Sie das Geld in ein Sparschwein oder tragen Sie es auf die Bank, so wie ein Eichhörnchen Eicheln für den Winter sammelt.

Wäre es wirklich schlimm, wenn Ihr Hotelzimmer kleiner und einfacher wäre? Wenn Ihnen ein besseres Zimmer das Geld wert ist, in Ordnung. Wenn nicht, dann haben Sie eine Chance, Geld zu sparen und Ihre Ersparnisse für etwas zu verwenden, das Ihnen wirklich wichtig ist. Für einige Stadtbewohner ist die U-Bahn praktischer als das Taxi, weil sie viel billiger und häufig auch schneller ist. Für andere ist ein Taxi die zusätzliche Ausgabe wert. Und manchmal sind zwei Menschen, die jeweils unterschiedliche Vorlieben haben, glücklich miteinander verheiratet. Ihr Geheimnis besteht darin, dass sie sich einig darin sind, sich nicht einig zu sein und Grenzen zu setzen.

Der eine liebt guten Wein, kennt sich damit aus und hat eine beträchtliche Sammlung. Im Restaurant geht er die Weinkarte durch und bestellt fast immer einen hervorragenden Wein zum Schnäppchenpreis. Ihm macht es einerseits großen Spaß, den Wein auszuwählen, andererseits aber auch, den Wein zum Essen zu trinken. Der andere trinkt nie Wein. Jedem das seine. Beide sind glücklich.

Man kann im Kleinen und im Großen sparen. Sehen wir uns für beides ein paar Fälle an.

TIPPS ZUM SPAREN IM KLEINEN

Hier ein paar Tipps, wie man an gewissen „Kleinigkeiten" sparen kann, die allerdings Spaß machen können und sich summieren:

- Kaufen Sie Ihre Weihnachtskarten am 26. oder 27. Dezember – für das nächste Jahr.
- Wenn Sie essen gehen, suchen Sie sich die beiden Gerichte aus, die Sie am liebsten mögen, bestellen Sie das billigere und behalten Sie die Differenz. Oder überlegen Sie, ob Sie einfach eine zweite Vorspeise bestellen – häufig schmecken die „Starters" am besten – und dadurch noch mehr sparen.
- Anstatt ins Kino zu gehen, leihen Sie sich einen aktuellen Film aus, machen Sie selber Popcorn und trinken Sie, was Sie im Kühlschrank haben.
- Kaufen Sie Bücher – sogar aktuelle Bestseller – bei Amazon.de gebraucht.

- Stellen Sie den Thermostat im Winter ein paar Grad niedriger ein und ziehen Sie einen Pullover an.
- Ersetzen sie Ihren morgendlichen Caffè Latte für vier Dollar durch eine einfache Tasse Kaffee.
- Führen Sie über alle Ausgaben Buch. Dabei merken Sie wahrscheinlich, dass Sie viele Dinge, die Sie kaufen, eigentlich gar nicht brauchen.
- Nehmen Sie täglich das Kleingeld aus Ihren Taschen und werfen Sie es in eine Sparbüchse. Irgendwann können Sie sich einen Urlaub davon gönnen.
  Oder zahlen Sie das Geld jeweils am Monatsende in einen Investmentplan ein.
- Wählen Sie die günstigste Autoversicherung – und handeln Sie zusätzliche Ermäßigungen aus, wenn Sie unfallfrei gefahren sind.
- Suchen Sie sich für den nächsten Urlaub einen interessanten, schönen Ort in der Nebensaison aus.

SPAREN IM GROSSEN

Hier ein paar Möglichkeiten, im Großen zu sparen. Da kommt *wirklich* etwas zusammen:

- Wenn Sie glauben, eine Lebensversicherung zu benötigen, dann nehmen Sie eine günstige Risikolebensversicherung, die es bei der örtlichen Bank oder im Internet gibt.
  Die Preise für Risikolebensversicherungen sind gesunken, weil die Menschen länger leben, weil die Versicherungsunternehmen die Kunden besser nach Risiko sortieren und weil das Internet die Vertriebskosten senkt (schauen Sie unter www.CHECK24.de/Versicherung oder unter www.versicherung.net nach).

Vor zehn Jahren musste ein „normaler“ Mann mit 40 Jahren für eine Risikolebensversicherung für 20 Jahre über 100.000 Dollar etwa 1.300 Dollar bezahlen. Heute bezahlt er dafür nur 600 Dollar. Eine nette Ersparnis.

- Tätigen Sie Ihre Geldanlagen bei Managern mit niedrigen Gebühren. Wir werden Ihnen später noch zeigen, bei welchen Anlageprodukten die Gebühren niedrig sind und wo Sie diese Produkte bekommen.
- Kaufen Sie sich einen fast neuen Gebrauchtwagen oder ein kleineres Auto – oder beides.
- Sichern Sie kleinere Risiken in Form hoher Selbstbeteiligungen bei der Autoversicherung oder bei der Feuerversicherung ab. Ein großer Teil der Versicherungskosten fällt für Papierkram für viele kleine Schadensfälle an. Höchstwahrscheinlich können Sie sich gegen die meisten Verluste selbst absichern und nehmen die Versicherung nur dann in Anspruch, wenn größere, eher unwahrscheinliche Probleme auftreten.
- Schrauben Sie Ihre Ausgaben auf das Niveau von vor drei Jahren zurück.
- Bitten Sie Ihren Arbeitgeber, Ihnen dadurch beim Sparen zu helfen, dass er automatisch fünf oder zehn Prozent Ihres Monatslohns einbehält und auf Ihr steuerbegünstigtes Investmentkonto überweist. Wenn Sie sich selbst zuerst bezahlen, bezahlen Sie nämlich weniger Steuern, und dann ist es weniger wahrscheinlich, dass Sie jeden verdienten Groschen ausgeben.
- Machen Sie bei einem „Save More Tomorrow Plan“ mit. Bei solchen Plänen verpflichtet man sich, einen Teil – und nur einen Teil – der Gehaltserhöhung des nächsten Jahres zu sparen.

Denken Sie an die Opportunitätskosten. Denken Sie bei jedem Dollar, den Sie ausgeben, an den Betrag, zu dem er anwachsen könnte, bis Sie in Rente gehen. Von Benjamin Franklin stammt der berühmte Rat: „Ein gesparter Penny ist ein verdienter Penny." Er hatte zwar Recht, aber nicht ganz. Die 72er-Regel zeigt, wieso nicht: Wenn man Geld spart und es anlegt, sagen wir zu sieben Prozent Jahreszins, dann wird ein heute gesparter Dollar in etwa 10 Jahren zu zwei Dollar, in 20 Jahren zu vier Dollar und in 30 Jahren zu acht Dollar und so weiter – er wächst unaufhaltsam. Der Dollar, den ein junger Mensch heute für etwas Unwichtiges ausgibt, würde also bedeuten, dass er bei der Rente mindestens zehn Dollar verschenkt. Wenn Sie noch mehr wissen müssen, um sich zu disziplinieren: Denken Sie daran, dass manche Menschen sagen, nur eines sei noch schlimmer als Sterben – nämlich das Geld zu überleben, das man für den Ruhestand auf die Seite gelegt hat.

LASSEN SIE SICH VOM STAAT BEIM SPAREN HELFEN

Zu allen Zeiten haben die Menschen ihr Verhalten geändert, um Steuern zu vermeiden. Vor Jahrhunderten führte der Herzog der Toskana eine Salzsteuer ein. Die toskanischen Bäcker reagierten darauf, indem sie bei ihren Rezepten das Salz wegließen und uns das köstliche toskanische Brot schenkten, das wir heute so lieben. Wenn Sie Amsterdam besichtigen, werden Sie feststellen, dass fast alle alten Häuser schmal und hoch sind. Sie wurden auf diese Art gebaut, damit möglichst wenig Grundsteuer anfiel, die nämlich nach der Breite eines Hauses berechnet wurde. Nehmen wir ein anderes Beispiel aus der Architektur, nämlich die Erfindung des Mansardendachs in Frankreich. Dort wurde die Grundsteuer oft anhand der Anzahl der Zimmer eines Hauses erhoben, also wurden die Zimmer im zweiten und dritten Stock genauso besteuert wie diejenigen im Erdgeschoss. Wenn jedoch der dritte Stock als Mansardendach gebaut war, galten die entsprechenden Zimmer als Teil des Dachbodens und wurden nicht besteuert.

Halten Sie sich also an die Tradition. Die Minimierung der Steuern sollte ein zentrales Ziel bei der Strukturierung Ihrer Finanzen sein. Und wenn Sie die Steuern minimieren, bleibt mehr, das Sie sparen und anlegen können.

Wir raten Ihnen nicht etwa zu dem Versuch, den Staat zu betrügen. Daran sollten Sie nicht einmal denken. Wir legen Ihnen allerdings ans Herz, die vielfältigen Möglichkeiten auszunutzen, dank deren Ihre Ersparnisse steuerlich abzugsfähig werden, sodass Ihre Ersparnisse und Ihre Anlagen steuerfrei anwachsen können.

In den Vereinigten Staaten leben die Verbraucher seit Langem über ihre Verhältnisse; die Konsumausgaben sind überzogen, die Ersparnisse nicht ausreichend und die Verschuldung gefährlich hoch. Deshalb wurden im nationalen Interesse Steueranreize geschaffen, um die Amerikaner zum Sparen zu ermuntern. *Aber Millionen von Amerikanern nutzen diese Anreize nicht aus.* Abgesehen von den Allerreichsten gibt es für niemanden einen Grund, überhaupt Steuern auf das Einkommen zu bezahlen, das man für einen komfortablen Ruhestand auf die Seite legt. Fast alle Anleger außer den Superreichen können die Anlagen für ihre Altersversorgung steuerbegünstigt wachsen lassen.

WERDEN SIE HAUSBESITZER

„Kein Borger sei und auch Verleiher nicht", erklärte Polonius in Shakespeares „Hamlet". Shakespeare hatte wie üblich recht – fast. Wie zu allen guten Regeln, so gibt es auch hier eine Ausnahme: Ein Darlehen auf das Haus Ihrer Familie. Wir sind zwar überzeugt, dass man niemals Kreditkartenschulden machen sollte, dass aber ein Hypothekendarlehen aus vier Gründen sinnvoll ist:

1. Es ermöglicht es einer jungen Familie, in einem schönen Haus zu wohnen, während die Kinder groß werden.
2. Die Bank lässt einen nicht mehr Schulden machen, als man angesichts seines Einkommens bewältigen kann. (So war es 70 Jahre lang. Wie wir kürzlich schmerzlich erfuhren, verliehen die Banken danach viel zu viel Geld, und wir alle bekamen die globale Finanzkrise zu spüren. Jetzt wird die vernünftige Darlehensvergabe wieder zum Regelfall. Gott sei Dank!)
3. Ein Hypothekendarlehen ist eine ganz besondere Art von Verschuldung: Wenn Sie ein Darlehen auf ein Haus aufnehmen, entscheiden *Sie*, wann Sie das Geld zurückzahlen. (In Schulden geraten ist etwas anderes. Wenn man sich überschuldet, zum Beispiel mit Kreditkarten, entscheidet der *Kreditgeber*, wann man das Geld zurückzahlen muss. Diese Entscheidung kann einen in einem höchst unpassenden Moment treffen.) Bedenken Sie außerdem die steuerlichen Vorteile eines darlehensfinanzierten Hauses. Die Zinszahlungen auf Hausdarlehen sind steuerlich abzugsfähig, also hilft Ihnen der Fiskus, indem er Ihre Steuerlast senkt.
4. Die Zinsen, die Sie auf ein Hausdarlehen bezahlen, sind erheblich niedriger als die Zinsen auf Kreditkartenschulden.

Über 100 Jahre lang sind die Häuserpreise zusammen mit der Inflation gestiegen, sodass Hausbesitz gewöhnlich eine gute Absicherung gegen die Inflation war. Während der großen Immobilienblase von 2006 bis 2008 war es natürlich nicht so, aber inzwischen sind die Häuserpreise auf normalere Werte zurückgekehrt, und der Hausbesitz ist wieder eine vernünftige Investition in das Familienglück.

WIE HOLE ICH AUF?

„Danke, Coach“, sagen Sie jetzt vielleicht, „ich wünschte, ich hätte Ihr Buch gelesen, als ich noch keine 30 war. Aber ich habe nicht frühzeitig angefangen zu sparen oder aus meinen Schulden herauszukommen. Jetzt bin ich in den Fünfzigern (oder gar in den Sechzigern) und ich habe nur geringe oder gar keine Ersparnisse. Gibt es *irgendeine* Möglichkeit, die finanzielle Lücke zu schließen?“

Zum Glück lautet die Antwort Ja, und Vater Staat bietet ein paar zusätzliche Steueranreize, die Ihnen beim Aufholen helfen. Aber leicht wird es nicht. Die einzige Möglichkeit, die verlorene Zeit wettzumachen, besteht darin, ein diszipliniertes Sparprogramm umzusetzen – und zwar *jetzt*. Ältere Anleger können das Angebot nutzen, im Rahmen der Rürup-Rente hohe jährliche Beträge steuergünstig einzuzahlen. Durch zusätzliche Beitragszahlungen in arbeitgebergeförderte oder individuelle Rentenpläne können ältere Anleger die laufenden Steuern senken und dafür sorgen, dass sämtliche Einkünfte aus ihren Anlagen steuerfrei wachsen.

Wenn man in die Zukunft und auf seine Rente blickt, gibt es zwar viele Unsicherheitsfaktoren, aber eines ist sicher: Wenn man weniger ausgibt, kann man mehr sparen – und mehr zu sparen ist von wesentlicher Bedeutung. Es ist nie zu spät, seinen derzeitigen Lebensstil zu ändern und mit dem Sparen anzufangen. Sie könnten sich überlegen, ob Sie Ihr großes Haus verkaufen und in ein einfacheres, günstigeres Haus umziehen. Oder Sie könnten in eine billigere Gegend ziehen, wo die Lebenshaltungskosten und die Steuern niedriger sind. Das sind zwar keine leichten Entscheidungen, aber mit Disziplin können Sie die verlorene Zeit wettmachen.

Sie könnten auch beschließen, das Renteneintrittsalter ein paar Jahre hinauszuschieben. Es gibt kein Gesetz, das vorschreibt, dass man mit 60, 65 oder auch mit 70 Jahren aufhören muss zu arbeiten. Tatsächlich sind Menschen, die bis in ihre Siebziger hinein zumindest

in Teilzeit arbeiten, im Allgemeinen gesünder und fitter als diejenigen, die nichts tun. Und wenn man den Ruhestand aufschiebt, erhöht dies häufig die Versicherungsleistungen beträchtlich.
Wenn Sie ein Haus besitzen, versuchen Sie, aus diesem Kapital möglichst viel herauszuholen. Während dieses Buch geschrieben wird, sind die Hypothekenzinsen niedrig. Wenn Sie Ihr Haus noch nicht refinanziert haben, dann tun Sie es jetzt. Da die langfristigen Darlehenszinsen im Jahr 2009 unter sechs Prozent stehen, können Sie somit Ihre monatlichen Raten senken und das Gesparte in Ihr Anlageportfolio investieren.
Wenn Sie Rentner sind und erhebliches Kapital in Ihrem Haus steckt, könnte eine „umgekehrte Hypothek" in Frage kommen – das heißt, Sie beleihen ihr Haus gegen dessen Wert. Anstatt Ihre Hypothek abzubezahlen, erhalten Sie dann regelmäßige Zahlungen bis zum Erreichen des Darlehensbetrags. Das hat natürlich nichts mit Sparen zu tun und damit hinterlassen Sie Ihren Erben nichts, aber es hilft Ihnen vielleicht, Ihre Kosten zu decken.

SELBST WENN SIE ES VERSÄUMT HABEN, FRÜHZEITIG REGELMÄSSIG ZU SPAREN – DIE ERSTE GRUNDREGEL FÜR DEN WEG ZUR FINANZIELLEN SICHERHEIT –, IST ES NOCH NICHT ZU SPÄT, DAMIT ANZUFANGEN.

Führen Sie ein bescheidenes Leben und vermeiden Sie es, Kreditkartenschulden anzuhäufen. Selbst wenn Sie es versäumt haben, frühzeitig regelmäßig zu sparen – die erste Grundregel für den Weg zur finanziellen Sicherheit –, ist es noch nicht zu spät, damit anzufangen.

2.

Investieren Sie in den Index

Diz und ich werden 50 Spiele gewinnen."
„Wir werden noch in diesem Jahrzehnt einen Mann auf den Mond und sicher wieder zurück bringen."
„Ich komme wieder."
Alle diese großen Pläne haben eine wichtige Probe bestanden: die der Klarheit. Wenn Ihr Plan durchdacht ist, fällt es Ihnen leichter, sich daran zu halten. Der zweite Test für einen Plan ist die Frage, ob er funktioniert. Er funktioniert bei Ihnen, weil er machbar ist. Er funktioniert am Markt, weil er realistisch ist. Er funktioniert, weil er Ihnen hilft, *Ihre* Ziele zu erreichen.
Alle großen Trainer sind sich über ein einfaches sportliches Erfolgsrezept einig: Plane dein Spiel und spiele deinen Plan. Deshalb sollte man einen übersichtlichen, einfachen Finanzplan aufstellen und nicht vom Kurs abweichen.

Wir stellen hier einen bemerkenswert simplen Plan für die Geldanlage vor, der preisgünstige Indexfonds als hauptsächliche Anlageinstrumente einsetzt. Indexfonds kaufen und halten ganz einfach die Aktien (oder Anleihen) des gesamten Marktes oder eines Teils des Marktes. Wenn man einen Anteil an einem „Total Market"-Indexfonds kauft, erwirbt man eine Beteiligung an allen großen Unternehmen der Volkswirtschaft. Indexfonds bewahren einen vor der Angst und den Kosten, die entstehen, wenn man versucht, vorherzusagen, welche einzelnen Aktien, Anleihen oder Investmentfonds den Markt schlagen werden.

DIESE EINFACHE ANLAGESTRATEGIE – DAS „INDEXING" – ÜBERTRIFFT BIS AUF EINE HANDVOLL DIE TAUSENDEN VON AKTIEN- UND ANLEIHENFONDS, DIE DER ALLGEMEINHEIT VERKAUFT WERDEN.

Diese einfache Anlagestrategie – das „Indexing" – übertrifft bis auf eine Handvoll die Tausenden von Aktien- und Anleihenfonds, die der Allgemeinheit verkauft werden. Darauf würde man aber nie kommen, wenn einen die Wall Street bis zum Anschlag bombardiert, um einen vom Gegenteil zu überzeugen. Wir benutzen diesen Plan für unsere eigene Altersvorsorge und wir empfehlen Ihnen dringend, sich auch an diesen Plan zu halten.

NIEMAND WEISS MEHR ALS DER MARKT

Den meisten Anlegern fällt es schwer zu glauben, dass der Aktienmarkt wirklich klüger oder besser informiert ist als sie. Die meisten Finanzprofis akzeptieren diese Prämisse immer noch nicht – vielleicht weil sie so hohe Gebühren kassieren und meinen, sie könnten die besten Aktien herauspicken und damit den Markt schlagen.

(Der Schriftsteller Upton Sinclair hat vor einem Jahrhundert bemerkt: „Man kann einen Menschen schwer von etwas überzeugen, wenn sein Gehalt davon abhängt, dass er es nicht begreift.“) Die nackte Wahrheit ist, dass unsere Finanzmärkte – auch wenn sie zu gelegentlichen Exzessen in puncto Optimismus oder Pessimismus neigen – eigentlich klüger sind als fast alle Individuen. Kaum ein Anleger übertrifft konsequent die Performance des Marktes, indem er entweder dessen Bewegungen voraussagt oder bestimmte Aktien auswählt.

Wieso funktioniert es nicht, dass man eine positive Nachricht aus dem Radio, dem Fernsehen oder dem Internet für einen erfolgreichen Trade nutzen kann? Weil bis dahin wahrscheinlich schon eine Heerschar von profitorientierten Vollzeitprofis diese Nachricht genutzt hat, um den Aktienpreis in die Höhe zu treiben, bevor Sie die Chance haben, etwas zu unternehmen. Deshalb werden die wichtigsten Meldungen (zum Beispiel Übernahmeangebote) verkündet, wenn die Märkte geschlossen sind. Bis zur Handelseröffnung am nächsten Tag spiegeln die Preise das Angebot bereits wider. Bei allen Nachrichten, die Ihnen zu Ohren kommen, können Sie sicher sein, dass sie sich bereits in den Aktienkursen niedergeschlagen haben. Was alle wissen, ist nicht wissenswert. Jason Zweig, Finanzkolumnist des *Wall Street Journal*, beschreibt die Situation so:

> *„Mir wird oft vorgeworfen, ich würde die Menschen ‚entmachten‘, weil ich mich weigere, der Hoffnung von irgendjemandem Glauben zu schenken, er könne den Markt schlagen. Das Wissen, dass ich überhaupt nichts zu wissen brauche, ist eine unglaublich tief greifende Form des Wissens. Ich persönlich halte das für die ultimative Form der Ermächtigung. […] Wenn man seine Ohren bei allen Versuchen (aller Menschen), vorherzusagen, was die Märkte tun werden, verschließen kann, so*

*kann man auf lange Sicht fast alle anderen lebenden Investoren übertreffen. Und dorthin bringt einen nur das Mantra ‚Ich weiß nichts und es ist mir egal'.“**

Das heißt nicht, dass der gesamte Markt jederzeit korrekt gepreist wäre. Die Aktienmärkte machen oft große Fehler, und die Marktpreise sind tendenziell weitaus volatiler, als es die zugrunde liegenden Daten rechtfertigen. Die Internet- und Technologie-Aktien wurden bis Anfang 2000 auf unverschämt hohe Preise hinaufgetrieben, und manche Technologie-Aktien brachen danach um 90 Prozent oder mehr ein. Die Häuserpreise stiegen Anfang der 2000er-Jahre auf Blasenniveau. Als in den Jahren 2008 und 2009 die Häuserblase platzte, zog sie nicht nur die Häuserpreise mit sich hinab, sondern sie vernichtete auch die Aktien von Banken und anderen Finanzinstituten auf der ganzen Welt.

NIEMAND WEISS MEHR ALS DER MARKT.

Aber glauben Sie nicht einmal eine Sekunde lang, professionelle Finanzratschläge hätten Sie vor dem finanziellen Tsunami bewahrt. Professionell gemanagte Fonds luden sich genauso mit Internet- und Bank-Aktien voll – sogar auf dem Höhepunkt der jeweiligen Blasen –, weil eben dort die Action war und weil die Manager daran „teilhaben“ wollten (und nicht außen vor sein wollten). Außerdem halten professionell gemanagte Fonds tendenziell am Höhepunkt des Marktes die kleinste Cashposition und am Tiefpunkt des Marktes die größte Cashposition. Erst im Nachhinein sehen wir alle ganz klar, dass die frühere Fehlpreisung „offensichtlich“ war. Wie der legendäre Investor Bernard Baruch einmal bemerkt hat: „Nur Lügner

* Zweig, Jason: *Gier. Neuroökonomie. Wie wir ticken, wenn es ums Geld geht*, Hanser Fachbuch 2007.

schaffen es, sich in schlechten Zeiten immer aus dem Markt herauszuhalten und in guten Zeiten immer drin zu sein."
Rex Sinquefield von Dimensional Fund Advisors drückt das besonders drastisch aus: „Es gibt drei Sorten von Menschen, die nicht glauben, dass Märkte funktionieren: Die Kubaner, die Nordkoreaner und die aktiven Manager."

DIE INDEXFONDS-LÖSUNG

Wir sind schon seit vielen Jahren davon überzeugt, dass man als Anleger besser damit fährt, wenn man die Weisheit des Marktes anerkennt und in preisgünstige, breit angelegte Indexfonds investiert, die einfach alle Aktien des Marktes kaufen und halten. Da sich immer mehr Belege dafür finden, sind wir von der Effektivität von Indexfonds überzeugter denn je. Über Zehnjahres-Zeiträume betrachtet haben die breiten Börsenindizes zwei Drittel oder mehr der aktiv gemanagten Fonds regelmäßig übertroffen.
Und das Ausmaß, in dem Indexfonds den typischen Investmentfonds-Manager übertrumpfen, ist atemberaubend. Die folgende Tabelle vergleicht die Performance aktiver Manager von breit diversifizierten Investmentfonds mit der des Standard & Poor's-(S&P)-500-Aktienindex, der die größten Unternehmen der Vereinigten Staaten

Prozentualer Anteil der aktiv gemanagten Fonds, die vom S&P 500 Index übertroffen wurden (jeweils bis 31. Dezember 2008)

1 Jahr	3 Jahre	5 Jahre	10 Jahre	20 Jahre
61%	64%	62%	64%	68%

Quellen: Lipper und The Vanguard Group

Prozentualer Anteil der aktiv gemanagten Fonds, die vom S&P 500 Index übertroffen wurden (jeweils bis 31. Dezember 2008)

S&P 500 Indexfonds	8,43%
Durchschnittlicher aktiv gemanagter Aktien-Investmentfonds[a]	7,50%
Rückstand	+0,93%

[a] Enthält alle Aktien-Investmentfonds-Kategorien von Lipper.
Quellen: Lipper, Wilshire und The Vanguard Group

enthält. In jedem Jahrzehnt müssen etwa zwei Drittel der aktiven Manager vor Scham erröten, weil sie von dem populären Börsenindex übertroffen werden.

Die Überlegenheit des Indexings als Anlagestrategie wird noch deutlicher, wenn man den prozentualen Ertrag des typischen aktiv gemanagten Investmentfonds mit dem eines Investmentfonds vergleicht, der einfach in alle 500 Aktien des S&P 500 investiert. Die obige Tabelle zeigt, dass der Indexfonds den durchschnittlichen aktiven Fonds im Schnitt um fast einen vollen Prozentpunkt pro Jahr übertrifft, Jahr für Jahr.*

Warum ist es so? Sind die hoch bezahlten professionellen Manager unfähig? Nein, das sind sie gewiss nicht.

Als Gruppe betrachtet können die Anleger nicht mehr verdienen, als der Markt an Ertrag liefert: Alle umlaufenden Aktien müssen ja von jemandem gehalten werden. Die professionellen Investoren

* Wir zeigen die Vergleiche mit dem S&P 500, weil es die (von uns empfohlenen) „Total Stock Market"-Fonds erst seit ein paar Jahren gibt.

sind insgesamt für circa 90 Prozent des gesamten Aktienhandels verantwortlich. Die tatsächlichen Aktieninhaber mögen zwar Privatpersonen sein – in Form von Rentenplänen und sonstigen Sparplänen –, aber die professionellen Manager in ihrer Gesamtheit können den Markt nicht schlagen, weil sie der Markt *sind.*

Da die Marktteilnehmer im Durchschnitt die Marktrendite verdienen müssen und da die Gewinne der Gewinner genauso groß sein müssen wie die Verluste der Verlierer, bezeichnet man die Geldanlage auch als *Nullsummenspiel.* Wenn einige Anleger das Glück haben, nur solche Aktien zu besitzen, die besser gelaufen sind als der Marktdurchschnitt, dann muss daraus folgen, dass gewisse andere Anleger diejenigen Aktien halten müssen, die schlechter gelaufen sind. Wir leben nicht in dem mythischen, von Garrison Keillor erfundenen Lake Wobegon, wo jedermann überdurchschnittlich ist.

Aber wieso erzielen die Profis als Gruppe genommen dann *schlechtere* Ergebnisse als der Markt? Eigentlich schaffen sie die Marktrendite – allerdings *vor Kosten.* Der durchschnittliche aktiv gemanagte Investmentfonds verlangt etwa einen Prozentpunkt des verwalteten Vermögens pro Jahr für die Verwaltung des Portfolios. Was die Rendite der professionellen „aktiven" Manager deutlich unter die des Gesamtmarktes herabzieht, sind die Gebühren, die sie verlangen.

Preisgünstige Indexfonds verlangen für die Portfolioverwaltung nur ein Zehntel dessen. Indexfonds brauchen keine hoch bezahlten Wertpapieranalysten zu beschäftigen, die in dem vergeblichen Bemühen um die Welt reisen, „unterbewertete" Papiere zu finden. Außerdem schichten aktiv gemanagte Fonds ihre Portfolios im Schnitt einmal pro Jahr um. Diese Handelstätigkeit zieht folgende Kosten nach sich: Brokergebühren, den Spread zwischen Geld- und Briefkursen sowie Market-Impact-Kosten (die Auswirkungen großer Kauf- oder Verkaufsorders auf die Preise). Die professionellen Manager als Gruppe betrachtet bleiben um den Betrag ihrer Verwaltungskosten und Transaktionskosten hinter der Marktperformance zurück. Diese Kosten fließen in die Taschen der Croupiers des Finanzsystems, nicht in Ihren Ruhestandsfonds. Das ist der Grund, aus dem aktive Manager den Markt nicht schlagen – und weshalb der Markt sie schlägt.

SCHLAGEN DENN NICHT *MANCHE* DEN MARKT?

Schlagen denn nicht *manche* Manager den Markt? Oft lesen wir von den wenigen Investmentmanagern, denen es gelungen ist, den Markt im letzten Quartal oder im letzten Jahr oder sogar in den letzten paar Jahren zu schlagen. Natürlich schlagen manche Manager den Markt – aber das ist ja gar nicht die eigentliche Frage. Die eigentliche Frage ist folgende: Sind Sie oder jemand anders in der Lage, diejenigen Manager, die den Markt schlagen werden, *im Voraus* auszuwählen?

Das ist wirklich schwer. Und zwar aus folgenden Gründen:

1. Nur wenige Manager schlagen den Markt. Die Manager, denen es gelungen ist, den Markt seit 1970 um einen nennenswerten Betrag zu schlagen, lassen sich an den Fingern einer Hand abzählen. Und da immer mehr ehrgeizige, geschickte und fleißige Manager mit brillanten Computerkenntnissen in den Wettbewerb um die „Performance" eintreten, stehen die Chancen gut, dass es immer schwieriger wird, besser als die anderen Profis zu sein, die inzwischen 90 Prozent des täglichen Handels abwickeln.

2. Niemand – wir wiederholen: niemand – konnte in der Vergangenheit im Voraus sagen, welche Fonds besser sein

würden. Von dieser Erfolglosigkeit in Sachen Prognosen sind auch die beliebten öffentlichen Rating-Anbieter, zum Beispiel Morningstar, nicht ausgenommen.

3. Fonds, die den Markt schlagen, „gewinnen" weniger, als diejenigen „verlieren", die vom Markt geschlagen werden. Das bedeutet, dass die „mäßige Rendite" der Fondskäufer häufig noch niedriger ist als das ohnehin schon entmutigende Gewinn/Verlust-Verhältnis.

Die einzige auf früherer Performance basierende Prognose, die funktioniert, ist die Prognose, welche Fonds *schlecht* laufen werden. Fonds, die früher sehr schlecht waren, sind tendenziell auch in Zukunft schlecht. Das ist allerdings ein schwacher Trost! Der Grund für diese Konstanz liegt darin, dass üblicherweise die Fonds mit sehr hohen Kosten die schlechteste relative Performance aufweisen und dass die hohen Anlagegebühren – im Gegensatz zum Stock-Picking-Geschick – Jahr für Jahr unverändert bleiben.
Manager, die in letzter Zeit den Markt geschlagen haben, werden von den Finanzmedien schnell als Investmentgenies gefeiert. Solche Anlageverwalter treten dann im Fernsehen auf und äußern sich selbstbewusst über die Richtung des Marktes und darüber, welche Aktien besonders attraktiv für den Kauf sind. Sollten wir also auf diejenigen Aktienjockeys wetten, die in letzter Zeit eine Glückssträhne hatten? Nein, denn überdurchschnittliche Performance ist nicht von Dauer. Dass ein Manager den Markt im *letzten* Jahr geschlagen hat, heißt noch nicht, dass er das im *nächsten* Jahr wahrscheinlich wieder tut. Die Wahrscheinlichkeit, dass eine Gewinnsträhne anhält, ist nicht größer als die Wahrscheinlichkeit, dass man beim nächsten Mal mit einer Münze „Kopf" wirft, selbst wenn man vorher schon mehrmals „Kopf" geworfen hat. Die Spitzenfonds des einen Jahrzehnts haben

mit den Spitzenfonds des nächsten Jahrzehnts nichts zu tun. Die „Performance“ von Investmentfonds ist fast so volatil wie der Markt. Das *Wall Street Journal* lieferte im Januar 2009 ein hervorragendes Beispiel dafür, wie flüchtig „überlegene“ Investment-Performance sein kann. In dem Neun-Jahres-Zeitraum bis zum 31. Dezember 2007 war es 14 Aktien-Investmentfonds gelungen, den S&P 500 neun Jahre lang ununterbrochen zu schlagen. Diese Fonds wurden der Öffentlichkeit als die besten Anlagevehikel für Privatanleger angepriesen. Was glauben Sie wohl, wie viele dieser Fonds es geschafft haben, im Jahr 2008 den Markt zu schlagen? Wie die Abbildung zeigt, gelang dies nur einem von 14. Eine Studie nach der anderen kommt zu dem gleichen Ergebnis. Die Jagd nach der Spitzen-Performance ist kostspielig und schadet Ihnen nur. Lassen Sie es!

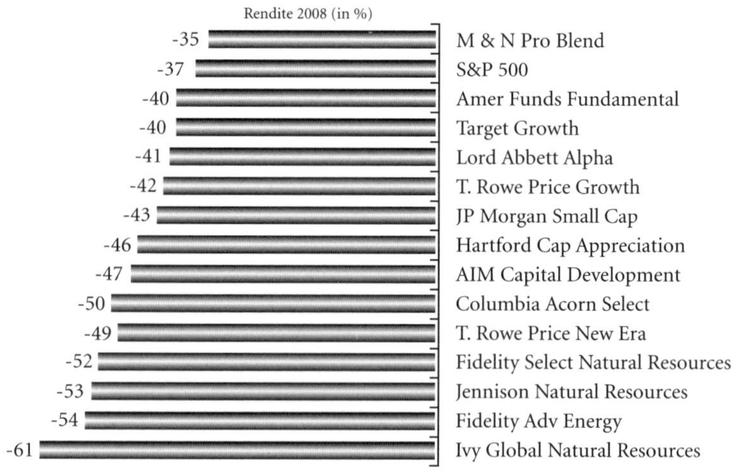

Da war es nur noch einer

Quelle: *Wall Street Journal* vom 5. Januar 2009. Nachdruck mit freundlicher Genehmigung des *Wall Street Journal*. © 2009 Dow Jones & Company, Inc. Alle Rechte weltweit vorbehalten. Lizenznummer 2257121352481.

Gibt es Ausnahmen von dieser Regel? Unter allen professionellen Vermögensverwaltern ragt Warren Buffetts außerordentliche Erfolgsbilanz am deutlichsten heraus. Seit mehr als 40 Jahren beschert Buffetts Unternehmen Berkshire Hathaway seinen Aktionären eine Rendite, die doppelt so hoch ist wie die des Aktienmarktes insgesamt. Aber diese Erfolgsbilanz hat er nicht nur dank seiner Fähigkeit erreicht, „unterbewertete" Aktien zu kaufen – wie es in der Presse häufig dargestellt wird. Buffett kauft Unternehmen und hält sie. (Er hat einmal gesagt, die richtige Haltezeit für eine Aktie sei „ewig".) *Und* er übernimmt in dem Management der Unternehmen, in die er investiert, eine aktive Rolle – zum Beispiel bei der Washington Post Company, einem seiner frühen Erfolge. Selbst Buffett ist der Ansicht, die meisten Menschen wären besser dran, wenn sie einfach in Indexfonds investieren würden. David Swensen, der brillante Portfolio-Manager des Stiftungsfonds der Yale University, sieht es auch so.
Wir sind davon überzeugt, dass es in den nächsten 40 Jahren einen „zweiten Warren Buffett" geben wird. Vielleicht gibt es sogar mehrere. Noch mehr sind wir jedoch davon überzeugt, dass wir auf keinen Fall im Voraus wissen, wer es sein wird. Wie die vorstehende Abbildung klarmacht, ist vergangene Performance ein unzuverlässiger Anhaltspunkt für die Zukunft. Die Suche nach dem nächsten Warren Buffett ist wie die Suche nach der Stecknadel im Heuhaufen. Wir empfehlen stattdessen, lieber den Heuhaufen in Form eines preisgünstigen Indexfonds zu kaufen.

INDEXANLEIHEN

Wenn das Indexing am Aktienmarkt schon im Vorteile hat, so ist es am Anleihenmarkt sogar noch überlegener. Sie sollten *niemals* nur eine einzige Anleihe halten (zum Beispiel ein Schuldschein von General Motors oder Chrysler) – ein einzelner Anleihen-Emittent könnte zahlungsunfähig werden und nicht mehr in der Lage sein, Sie vollständig auszuzahlen. Aus diesem Grund braucht man ein breit diversifiziertes Anleihenportfolio – sodass ein Investmentfonds unentbehrlich ist. Und es ist klug, dafür Indexfonds zu benutzen: Sie erweisen sich regelmäßig als den aktiv gemanagten Anleihenfonds überlegen. Die Tabelle zeigt, dass die überwältigende Mehrheit der aktiv gemanagten Anleihenfonds von den Anleihen-Indexfonds geschlagen wurden, vor allem was kurzfristige und mittelfristige Laufzeiten angeht.

Anteil der aktiv gemanagten Anleihenfonds, die von Staatsanleihen- und Unternehmensanleihen-Indizes übertroffen wurden (10 Jahre bis 31. Dezember 2008)

	Staatsanleihen	Unternehmensanleihen
kurzfristig	98%	99%
mittelfristig	88%	73%
langfristig	70%	57%

Quellen: Morningstar, Barclays Capital, The Vanguard Group.

INTERNATIONALES INDEXING

Indexing bewährt sich auch an Märkten außerhalb der Vereinigten Staaten. Die meisten Global-Equity-Manager werden von einem preisgünstigen Indexfonds geschlagen, der alle im MSCI-EAFE-Index (Europa, Australasien und Ferner Osten) enthaltenen Nicht-US-

Aktien aus entwickelten Märkten kauft. Sogar an den weniger effizienten Emerging Markets liegt die Performance von Indexfonds regelmäßig über derjenigen aktiver Manager. Gerade die Ineffizienz der Handelsmärkte vieler Schwellenländer (mangelnde Liquidität, hohe Spreads, hohe Transaktionskosten) lässt eine aktive Anlagestrategie mit hohem Umschlag nicht ratsam erscheinen. Sogar an Märkten wie China, wo es offenbar viele Fälle von Marktmanipulation gegeben hat, funktioniert Indexing gut.

INDEXFONDS HABEN GROSSE VORTEILE

Ein großer Vorteil des Indexings ist die Tatsache, dass Indexfonds steuergünstig sind. Aktiv gemanagte Fonds können große Steuerverbindlichkeiten verursachen, wenn man sie außerhalb seiner steuerbegünstigten Rentenpläne hält. Wenn der Portfolioumsatz Kapitalerträge erzeugt, führt dieses aktive Trading zu steuerpflichtigen Einkünften. Indexfonds sind im Gegensatz dazu langfristige „Buy and Hold"-Investoren und erzeugen normalerweise keine wesentlichen Kapitalerträge oder steuerpflichtige Einnahmen. Wenn ein aktiv gemanagter Fonds die Kosten und Steuern kompensieren und bloß mit einem Indexfond gleichziehen wollte, müsste er den Markt um 4,3 Prozentpunkte pro Jahr übertreffen.*

Die Wahrscheinlichkeit, dass man einen aktiv gemanagten Investmentfonds findet, dessen Performance um so viel höher als die eines Indexfonds ist, beträgt quasi null.

Fassen wir also die Vorteile von Indexfonds zusammen. Erstens vereinfachen sie die Geldanlage. Man braucht nicht Tausende von aktiv gemanagten Fonds zu beurteilen und irgendwie den besten herauszusuchen. Zweitens sind Indexfonds kostengünstig und steuergünstig. (Der Kauf und Verkauf von Wertpapieren durch aktive

* Schätzung von Mark Kritzman, Vorstandsvorsitzender von Windham Capital Management.

Manager kann kostspielig sein und wirkt sich tendenziell negativ auf die Kapitalertragssteuer aus.) Und schließlich sind sie berechenbar. Man verliert damit zwar Geld, wenn der Markt fällt, aber es geht einem nicht deutlich schlechter als dem Markt – was vielen Anlegern passierte, als sich ihre aktiven Investmentfonds-Manager Anfang 2000 mit Internet-Aktien eindeckten oder im Jahr 2008 mit Bank-Aktien. Wenn man in einen Indexfonds investiert, kann man im Golfclub oder im Schönheitssalon nicht damit prahlen, dass man eine Aktie oder einen Fonds gekauft hat, der gestiegen ist. Kritiker bezeichnen das Indexing deshalb gern als „garantierte Mittelmäßigkeit". Wir betonen allerdings lieber, dass man damit mit ziemlicher Sicherheit besser fährt als der Durchschnitt, weil der Ertrag nicht durch hohe Anlagekosten geschmälert wird.

EINE WARNUNG

Nicht alle Indexfonds sind gleich. Vorsicht: Manche verlangen unverschämt hohe Verwaltungsgebühren. Unseres Erachtens sollte man nur inländische Aktienfonds kaufen, die 0,2 Prozent oder weniger an jährlichen Verwaltungskosten verlangen. Bei Fonds, die international investieren, sind die Gebühren zwar höher als bei Fonds für US-Aktien, aber wir sind der Ansicht, auch dort sollte man die günstigsten nehmen. (Unsere konkreten Empfehlungen finden sie in Kapitel 5.)

Vielleicht kommen für Sie auch börsennotierte Indexfonds oder ETFs infrage. Das sind Indexfonds, die an den großen Börsen gehandelt werden und die man wie Aktien kaufen und verkaufen kann. Es gibt ETFs für die breiten US-amerikanischen und ausländischen Indizes sowie für diverse Marktsektoren. Gegenüber Investmentfonds bieten sie einige Vorteile. Häufig ist bei ihnen die Kostenquote niedriger als bei Indexfonds. Außerdem kann man sie zu jeder Tageszeit kaufen (anstatt nur einmal täglich zum Schlusskurs), und deshalb werden sie von professionellen Tradern für Hedging-Zwecken benutzt. Und schließlich können sie noch steuergünstiger als Investmentfonds sein, weil sie Aktien zurückgeben können, ohne dass dadurch Steuern anfallen.

Nicht geeignet sind ETFs jedoch für Personen, die regelmäßig in einen Rentenplan oder einen sonstigen Sparplan einzahlen, weil bei jeder Einzahlung eine Brokergebühr anfällt, die einen beträchtlichen Anteil der kleinen Einzahlungsbeträge ausmachen kann. Bei sogenannten No-Load-Indexfonds fallen auf die regelmäßigen Beiträge keine Transaktionsgebühren an. Außerdem reinvestieren Investmentfonds alle Dividenden automatisch in den Fonds, während für die Reinvestition von ETF-Dividenden zusätzliche Transaktionen erforderlich sind. Personen, die regelmäßig in einen Rentenplan einzahlen, raten wir eher zu preisgünstigen Index-Investmentfonds als zu ETFs.

Wir möchten dieses Kapitel über Indexfonds mit zwei weiteren Ratschlägen abrunden: Der erste bezieht sich auf die Frage, wie ein Anleger unter den verschiedenen Arten breit angelegter Indexfonds auswählen soll. Die bekanntesten breit angelegten Börsen-Investmentfonds und ETFs in den Vereinigten Staaten bilden den S&P 500 Index nach, der aus den größten Aktien besteht. Wir empfehlen die Verwendung eines breiteren Index, der auch Aktien von kleineren Unternehmen enthält, zum Beispiel des Russell 3000 oder des Dow Jones Wilshire 5000 Index. Man bezeichnet Fonds, die solche breiteren Indizes nachbilden, oft als „Total Stock Market"-Indexfonds. Mehr als 80 Jahre Börsengeschichte bestätigen, dass Portfolios aus kleineren Aktien eine höhere Rendite erzielen als der aus großen Unternehmen bestehende S&P 500 Index. Es steht zwar außer Zweifel, dass kleinere Unternehmen instabiler und riskanter sind als große Unternehmen, aber sie bringen – im Durchschnitt – eine etwas größere künftige Rendite. „Total Stock Market"-Indexfonds sind die bessere Möglichkeit, vom langfristigen Wachstum der Wirtschaftsaktivität zu profitieren.

Für Börsenjunkies, die meinen, trotz aller gegenteiligen Hinweise wüssten sie mehr als der Markt, haben wir noch einen abschließenden Ratschlag: Wenn Sie unbedingt versuchen müssen, den Markt zu schlagen, indem sie das nächste Google oder den nächsten Warren Buffett identifizieren, wollen wir Sie nicht mit Gewalt daran hindern. Am Aktienmarkt stehen Ihre Chancen immerhin besser als auf der Rennbahn oder im Spielkasino, und die Investition in einzelne Aktien kann großen Spaß machen. Wir raten Ihnen jedoch, Ihr definitiv für den Ruhestand vorgesehenes Geld in Indexfonds zu investieren. Machen Sie, was immer mehr professionelle Investoren machen: Investieren Sie den Kern ihres Portfolios in Indexfonds, und wenn Sie unbedingt müssen, setzen Sie am Rande auf einzelne Aktien. Legen Sie den eigentlichen Kern ihrer Anlagen – und vor allem das Vermögen für den Ruhestand – in eine gut diversifizierte Zusammenstellung aus Aktien- und Anleihen-Indexfonds an. Dann können Sie mit zusätzlichen Mitteln „an der Börse spielen“ und laufen dabei viel weniger Gefahr, dass Sie Ihren entspannten und sorgenfreien Ruhestand aufs Spiel setzen.

EINE BEICHTE

Niemand ist vollkommen und wir schon gar nicht. Zum Beispiel hält einer von uns ein großes Engagement in der Aktie eines einzelnen Unternehmens – eines ungewöhnlichen Unternehmens namens Berkshire Hathaway. Er besitzt die Aktie seit 35 Jahren und hat nicht die Absicht, sie zu verkaufen. Und wenn das noch nicht schlimm genug ist, hören Sie sich das an: Er überprüft fast täglich den Kurs! Das ist natürlich verrückt, und er weiß es, aber er kann einfach nicht anders. Noch ein Beispiel: Dem anderen Autor macht es Spaß, einzelne Aktien zu kaufen, und er ist massiv in China engagiert.

Ihm gefällt das Spiel, die Gewinner herauszupicken, und er ist der Meinung, dass „China" eine tolle Story für seine Enkelkinder ist. (*Beachten sie bitte:* Unser beider Rentenvermögen ist sicher in Indexfonds angelegt – und auch unsere Kinder verwenden sie!)

3.

Diversifizieren Sie

Eine sehr traurige Geschichte verdeutlicht, dass Anleger ihre Anlagepositionen unbedingt diversifizieren müssen. Es geht um eine Sekretärin, die Ende der 1990er- und Anfang der 2000er-Jahre für die Enron Corporation gearbeitet hat. Enron gehörte zu den Unternehmen der neuen Ära, die gegründet wurden, um den Markt für Elektrizität und Massenkommunikation zu revolutionieren. Geleitet wurde Enron von den beiden charismatischen Vordenkern Kenneth Lay und Jeff Skilling, die von der Presse regelmäßig für ihr Geschick und ihren Wagemut gepriesen wurden. Die Enron-Aktie war der Liebling der Wall Street und schien ohne Rücksicht auf die Schwerkraft stetig in die Stratosphäre aufzusteigen.

Wie die meisten Großunternehmen hatte auch Enron einen Rentenplan für seine Mitarbeiter eingerichtet, der eine Reihe von

Wahlmöglichkeiten dafür anbot, wohin die Beiträge gehen sollten, die automatisch pro Zahlungszeitraum abgezogen wurden. Eine dieser Möglichkeiten bestand darin, den Beitrag in Enron-Aktien anzulegen. Der Vorstandsvorsitzende Ken Lay empfahl den Mitarbeitern nachdrücklich, Enron-Aktien als bevorzugtes Renteninstrument einzusetzen. Man verglich Enron mit Elvis Presley, der die Musikszene revolutionierte. Die alten Stromkonzerne waren Ewiggestrige, die zu der Musik von Lawrence Welk tanzten. Und darum investierte die Sekretärin ihre gesamten Ersparnisse für die Altersvorsorge in Enron-Aktien, und sie tat es aus tiefster Überzeugung. Obwohl sie als Sekretärin nie besonders viel verdiente, wuchs ihr Sparstrumpf durch den Anstieg des Aktienkurses auf fast drei Millionen Dollar an. Das folgende Jahr hindurch freute sie sich auf ihren Ruhestand und auf ein Leben voller Freizeit und Weltreisen.

Nun, ihr Wunsch nach mehr „Freizeit" wurde erfüllt. Wie wir inzwischen wissen, war Enron auf einem Fundament aus Abrechnungstricks und betrügerischen Trading-Strategien aufgebaut. Jeff Skilling kam ins Gefängnis und Ken Lay starb, während er auf seinen Prozess wartete. Der Aktienkurs stürzte ab und der Rentensparstrumpf der Sekretärin löste sich in Luft auf. Sie verlor nicht nur ihren Job, sondern auch ihre Lebens-Ersparnisse. Sie hatte den Fehler gemacht, ihre gesamten Anlagen in einen einzigen Korb zu legen. Sie versäumte es nicht nur, ihre Geldanlagen zu diversifizieren, sondern sie begab sich in doppelte Gefahr, weil sie mit ihrem Portfolio exakt das gleiche Risiko einging wie mit ihren Arbeitseinkünften. Sie unterließ es, eine der wenigen absoluten Regeln der Geldanlage zu befolgen: Diversifizieren, diversifizieren, diversifizieren.

James Rhodes verbrachte sein gesamtes Berufsleben in der Automobilbranche. Er goss Eisenformen, die dann Bleche in Kotflügel, Motorhauben und Dächer verwandelten. Als er in Rente ging, beschlossen er und seine Frau, dass sie ihre gesamten Ersparnisse getrost in Chrysler-Anleihen anlegen könnten, die einen attraktiven Zins von acht Prozent jährlich abwarfen. Wie so viele andere Automechaniker auch setzten sie auf die Fähigkeit der drei großen Kult-Autohersteller, selbst in den wirtschaftlich schlimmsten Zeiten überleben zu können. Und dank der großzügigen Zinszahlungen konnten sie ihren komfortablen Mittelklasse-Lebensstil beibehalten – eine Zeit lang. Das Vertrauen der Familie Rhodes in die Automobilbranche hat sich jetzt ebenso verflüchtigt wie ihre Ersparnisse. Viele Privatanleger haben durch den Bankrott von Chrysler und General Motors fast alles verloren. Die abgesicherten Anleiheninhaber erhielten keine Zinszahlungen mehr und ihre Kapitalbeteiligung an den bankrotten Unternehmen war nur noch minimal.

Solche traurigen Geschichten verdeutlichen die Kardinalregel der Geldanlage: Breite Diversifizierung ist unerlässlich.

Enron, Chrysler und General Motors sind keine Einzelfälle. Überraschenderweise haben schon viele große und scheinbar stabile Industrieunternehmen den Geist aufgegeben. Sogar große Finanzinstitute – Banken wie Wachovia, Investmentfirmen wie Lehman Brothers oder Versicherungsgesellschaften wie AIG – machten Bankrott, wurden zur Fusion gezwungen oder unter staatliche Verwaltung gestellt, nachdem der Wert ihrer Aktien abstürzte.

Und viele Führungskräfte aus dem Finanzbereich, die es hätten besser wissen müssen, legten eine Bruchlandung hin. Sie hatten ihr gesamtes Vermögen in die Firmen investiert, für die sie arbeiteten, denn sie empfanden für „ihr“ Unternehmen Loyalität und Vertrauen. Wenn es nach uns ginge, dürften Arbeitnehmerbeiträge zu Rentenversicherungen nicht in den eigenen Arbeitgeber investiert werden. Schützen Sie sich selbst: Jeder Anleger sollte jederzeit diversifizieren.

JEDER ANLEGER SOLLTE JEDERZEIT DIVERSIFIZIEREN.

ÜBER DIE ANLAGEKLASSEN DIVERSIFIZIEREN

Was bedeutet Diversifizierung in der Praxis? Wenn man in den Aktienmarkt investiert, bedeutet es, dass man ein breit diversifiziertes Portfolio haben sollte, das Hunderte von Aktien enthält. Menschen mit bescheidenen Mitteln und sogar relativ wohlhabende Menschen setzen dies um, indem sie einen oder mehrere preisgünstige Aktienindex-Investmentfonds kaufen. Der Fonds sammelt das Geld von Tausenden von Anlegern und kauft davon ein Portfolio aus Hunderten einzelner Stammaktien. Der Investmentfonds kassiert alle Dividenden, erledigt die gesamte Buchhaltung und lässt die Inhaber von Fondsanteilen alle Barausschüttungen in zusätzliche Anteile des Fonds investieren, wenn sie es wünschen.

Zwar sind manche Investmentfonds spezialisiert und konzentrieren sich auf bestimmte Marktsegmente, wie zum Beispiel Biotechnologie-Unternehmen oder chinesische Unternehmen, doch wir empfehlen, dass der Fonds, den Sie sich aussuchen, ein Konzept der breiten Diversifizierung verfolgt und Wertpapiere aus einem breiten Spektrum von Unternehmen hält, die alle größeren Branchen abdecken. In Kapitel 5 geben wir Ihnen Tipps, wie Sie die besten, günstigsten und am breitesten gestreuten Investmentfonds auswählen können.

DIVERSIFIZIEREN SIE ÜBER WERTPAPIERE, ÜBER ANLAGEKLASSEN, ÜBER MÄRKTE – UND ÜBER DIE ZEIT.

Indem man als Anleger eine große Vielfalt von Unternehmensaktien hält, vermindert man tendenziell das Risiko, weil die meisten wirtschaftlichen Ereignisse nicht alle Unternehmen in gleichem Maße betreffen. Ein positives Ereignis wie die Zulassung eines neuen Medikaments könnte für das Unternehmen, das das Medikament entdeckt hat, einen wichtigen Schub bedeuten. Gleichzeitig könnte dies Unternehmen schaden, die ältere Konkurrenzprodukte herstellen. Sogar tiefe Rezessionen wirken sich auf Unternehmen, die unterschiedliche Bevölkerungsgruppen bedienen, unterschiedlich aus. Als die Menschen im Jahr 2009 den Gürtel enger schnallten, kauften sie weniger bei Tiffanys und mehr bei Wal-Mart.

So wie man diversifizieren muss, indem man eine große Zahl einzelner Aktien aus verschiedenen Branchen hält, um sein Anlagerisiko zu senken, so muss man auch dadurch diversifizieren, dass man verschiedene Anlageklassen besitzt. Eine Anlageklasse, die in die meisten Portfolios gehört, sind Anleihen. Anleihen sind im Grunde Schuldscheine, die von Unternehmen und staatlichen Behörden ausgestellt werden. (Die staatlichen Stellen können ausländische sein, auf bundesstaatlicher oder kommunaler Ebene angesiedelt sein, oder es handelt sich dabei um staatsnahe Unternehmen wie zum Beispiel die Federal National Mortgage Association, im Volksmund als Fannie Mae bekannt.) Und ebenso wie man diversifizieren sollte, indem man einen breit diversifizierten Aktienfonds besitzt, so sollte man auch einen breit diversifizierten Anleihenfonds besitzen.

Das US-Finanzministerium begibt große Mengen von Anleihen. Diese Emissionen gelten als die sichersten überhaupt, und diese Anleihen sind die einzige Art von Wertpapieren, bei denen Diversifizierung nicht so wichtig ist. Im Gegensatz zu Stammaktien, deren Dividenden und Gewinne mit dem Auf und Ab des Geschäftsgangs der betreffenden Unternehmen schwanken, werfen Anleihen einen festen Dollarbetrag an Zinsen ab.

Wenn das US-Finanzministerium eine 20-jährige Anleihe zu fünf Prozent über 1.000 Dollar begibt, dann wirft diese Anleihe bis zum

Ende der Laufzeit, an dem das Kapital zurückgezahlt wird, jährlich 50 Dollar ab. Unternehmensanleihen sind nicht ganz so sicher, aber breit gestreute Anleihenportfolios erweisen sich über die Zeit gesehen als relativ stabile Zinslieferanten.

Erstklassige Anleihen können das Risiko eines Portfolios aus Stammaktien senken, weil sie die Schwankungen aufgrund des unausweichlichen Auf und Ab des Aktienmarktes ausgleichen. Zum Beispiel fielen im Jahr 2008 die Aktienkurse sowohl in den Vereinigten Staaten als auch im Ausland, weil die Anleger zu Recht eine schwere weltweite Rezession voraussahen. Aber der Wert eines Portfolios aus US-Schatzanleihen stieg, weil die Währungsinstanzen die Zinsen senkten, um die Wirtschaft anzukurbeln. Wenn Ihnen nicht klar ist, wie sich die Anleihenpreise ändern, wenn die Zinsen steigen oder fallen, stellen Sie sich einfach eine Wippe vor: Wenn die Zinsen fallen, steigen die Preise. Wenn die Zinsen steigen, fallen die Preise.

Auch andere Anlageklassen können das Risiko senken. Im Jahr 2008 fielen die Aktienmärkte der Welt ohne Ausnahme. Man konnte sich nirgendwo verstecken. In den meisten Jahren ist es jedoch so, dass die Märkte mancher Länder nach oben und die Märkte anderer Länder nach unten tendieren. Zum Beispiel florierte im Jahr 2009, als alle großen Industriestaaten in einer tiefen Rezession versanken, Länder wie China – das die riesigen Gebiete in der Mitte und im Westen entwickelte – weiterhin.

In Zeiten der Inflation stellen Immobilien und reale Vermögenswerte wie Bauholz und Erdöl normalerweise bessere Absicherungen gegen die Inflation dar als gewöhnliche Industrieunternehmen, deren Gewinnspannen normalerweise schrumpfen, wenn die Preise für Rohmaterialien steigen. Deshalb erweisen sich Immobilien und Rohstoffe zu vielen Zeiten als nützliche Diversifizierungs-Instrumente. Gold und Goldminengesellschaften spielten häufig eine besondere Rolle als bester Rohstoff für die Diversifizierung. Historisch gesehen ist

Gold die Anlage, in die sich die Anleger in unsicheren und gefahrvollen Zeiten flüchten. Es gilt als Absicherung gegen das Jüngste Gericht. Wenn Sie die sehr breit angelegten Indexfonds kaufen, die wir gegen Ende dieses Buches auflisten, genießen Sie ein paar Vorzüge der direkten Investition in Immobilien und Rohstoffe. Sogenannte „Total Stock Market"-Fonds enthalten nämlich sowohl Immobilienunternehmen als auch Rohstoffproduzenten. Man kann also auf einen Schlag eine breite Kapitaldiversifizierung erreichen.

ÜBER DIE MÄRKTE DIVERSIFIZIEREN

Auch die Aktien von Unternehmen aus Auslandsmärkten wie Europa und Asien können Diversifizierungsvorteile bieten. Der Satz „Wenn sich die Vereinigten Staaten erkälten, bekommt der Rest der Welt eine Lungenentzündung" enthält durchaus ein Körnchen Wahrheit; die Börsenabstürze und die schmerzhaften Rezessionen der Jahre 2008 und 2009 waren weltweite Ereignisse. Das heißt aber nicht, dass sich die wirtschaftliche Aktivität und die Aktienmärkte in verschiedenen entwickelten Ländern immer im Gleichschritt bewegen. Während des Aufschwungs der US-Wirtschaft in den 1990er-Jahren stagnierte die japanische Wirtschaft ein ganzes Jahrzehnt lang. In den 2000er-Jahren fiel der US-Dollar, während der Euro stieg und den europäischen Aktien einen zusätzlichen Schub verlieh. Es stimmt zwar, dass die Globalisierung unsere Volkswirtschaften immer enger miteinander verbindet, es gibt aber nach wie vor gute Gründe, seine Positionen nicht auf US-Aktien zu beschränken. Wenn man in seinem Portfolio Automobil-Aktien hält, sollte man sich nicht auf Detroit beschränken. Wahrscheinlich ist man besser bedient, wenn man in ein diversifiziertes Portfolio auch Toyota und Honda aufnimmt.

Ist eine extrem breite Diversifizierung denn für den Durchschnittsanleger nicht völlig unrealistisch? Keine Angst! Es gibt breit investierte, sehr preisgünstige Fonds, die Lösungen aus einer Hand bieten. Wir werden Ihnen einen breit diversifizierten „Total Stock Market"-Indexfonds aus den Vereinigten Staaten empfehlen, der Immobilienunternehmen und Rohstofferzeuger einschließlich Goldminengesellschaften enthält. Außerdem zeigen wir Ihnen, wie Sie sich mit einem „Total Stock Market"-Fonds, der die Vereinigten Staaten nicht berücksichtigt, an der gesamten Weltwirtschaft einschließlich der schnell wachsenden Emerging Markets beteiligen können. Auf ähnliche Weise können Sie mit einem „Total Bond Market"-Fonds ein vollständig diversifiziertes Anleihenportfolio anlegen. Wenn Sie sich hier an das Prinzip der Diversifizierung halten, zeigen wir Ihnen in Kapitel 5 die konkreten Fonds, mit denen Sie zu geringen Kosten ein gut diversifiziertes Portfolio zusammenstellen können.

ÜBER DIE ZEIT DIVERSIFIZIEREN

Es gibt noch eine abschließende wichtige Lektion zur Diversifizierung: *Sie sollten über die Zeit diversifizieren.* Tätigen Sie nicht alle Investitionen zur gleichen Zeit. Wenn Sie das tun, können Sie nämlich das Pech haben, dass Sie Ihr gesamtes Geld zum Börsenhoch Anfang 2000 in den Aktienmarkt gesteckt haben. Ein Anleger, der Anfang 2000 alles in den Markt gesteckt hätte, hätte über das gesamte Jahrzehnt einen negativen Ertrag erzielt. Die 1970er-Jahre waren genauso schlecht. Und ein Anleger, der alles am Höhepunkt des Jahres 1929 investiert hätte, wie der Vater eines der Autoren, hätte mehr als 20 Jahre lang nicht den Break-even erreicht.

Sie können das Risiko reduzieren, indem Sie Ihre Anlagen durch regelmäßige, zeitlich verteilte Investments aufbauen. Wenn Sie jeden Monat oder in jedem Quartal etwas investieren, sorgen Sie dafür, dass Sie einen Teil ihres Geldes in günstigen Zeiten anlegen, in denen die Preise relativ niedrig sind. Anlageberater bezeichnen diese Methode als „Dollar Cost Averaging“ (DCA) oder Kursdurchschnittsverfahren. Wenn man im Laufe der Zeit immer den gleichen Dollarbetrag investiert, bekommt man weniger Aktien bei hohen Preisen und mehr Aktien bei niedrigen Preisen. Das beseitigt zwar nicht das Risiko, aber es sorgt dafür, dass man nicht sein gesamtes Portfolio zu vorübergehend aufgeblähten Preisen kauft. Das Erlebnis, seine gesamte Anlage zum falschen Zeitpunkt am Aktienmarkt getätigt zu haben, könnte einem Aktien lebenslang vergällen, was das Problem traurigerweise noch vergrößern würde.

Wenn man DCA betreibt, kann es einem als Anleger in einer Marktlage, in der die Preise schwanken und am Ende exakt wieder am Ausgangspunkt stehen, besser ergehen als in einer Marktlage, in der die Preise jedes Jahr kontinuierlich steigen. Nehmen wir an, alles wird in einen breiten Aktien-Indexfonds investiert, und zwar fünf Jahre lang jedes Jahr 1.000 Dollar. Sehen wir uns zwei Szenarien an: Im ersten Szenario ist der Aktienmarkt sehr volatil, nach Beginn des Programms sackt er steil ab, und dann landet er dort, wo er gestartet ist. Im zweiten Szenario steigt der Aktienmarkt nach dem Start des Programms jedes Jahr. Bevor wir uns die Zahlen ansehen, fragen Sie sich selbst, bei welchem Szenario es dem Anleger wahrscheinlich besser ergeht. Wir wetten, dass fast jeder bessere Ergebnisse erwartet, wenn der Markt geradlinig steigt. Sehen wir uns jetzt die Zahlen an.

Die Grundannahme bei der Tabelle auf Seite 68 ist, dass jedes Jahr 1.000 Dollar angelegt werden. In Szenario 1 fällt der Markt sofort nach Beginn des Investmentprogramms; dann steigt er steil und fällt abschließend wieder, wobei er nach fünf Jahren genau dort steht, wo er gestartet ist. In Szenario 2 steigt der Markt kontinuierlich und liegt am Ende des Zeitraums 40 Prozent höher. In beiden Fällen werden insgesamt genau 5.000 Dollar angelegt, aber in der volatilen Marktsituation hat der Anleger am Ende 6.048 Dollar – ein hübscher

Dollar Cost Averaging

	Volatiler stagnierender Markt			Steigender Markt		
Jahr	**Anlage-summe in US-$**	**Preis des Indexfonds in US-$**	**Anzahl der gekauften Anteile**	**Anlage-summe in US-$**	**Preis des Indexfonds in US-$**	**Anzahl der gekauften Anteile**
1	1.000	100	10,00	1.000	100	10
2	1.000	60	16,67	1.000	110	9,09
3	1.000	60	16,67	1.000	120	8,33
4	1.000	140	7,14	1.000	130	7,69
5	1.000	100	10,00	1.000	140	7,14
Anlagesumme	5.000			5.000		
Gesamtzahl gekaufte Anteile			60,48			42,25
Durchschnittlicher Preis der gekauften Anteile		82,67 US-$	(5.000 US-$/ 60,48)		118,34 US-$	(5.000 US-$/ 42,25)
Endwert		6.048 US-$	(60,48 × 100 US-$)		5.915 US-$	(42,25 × 140 US-$)

Ertrag von 1.048 Dollar –, obwohl der Aktienmarkt genau dort endet, wo er angefangen hat. In dem Szenario, in dem der Markt jedes Jahr gestiegen ist und 40 Prozent über dem Punkt endet, wo er gestartet ist, beläuft sich die Anlagesumme am Ende nur auf 5.915 Dollar.

Warren Buffett liefert eine klarsichtige Begründung für das Investmentprinzip, das wir gerade demonstriert haben. In einem seiner Essays schreibt er:

> *„Ein kleines Quiz: Wenn Sie vorhaben, Ihr Leben lang Hamburger zu essen, aber kein Rinderzüchter sind, sollten Sie sich dann einen höheren oder einen niedrigeren Rindfleischpreis wünschen? Oder wenn Sie sich ab und zu ein Auto kaufen wollen und kein Autohersteller sind, sollten Sie dann höhere oder niedrigere Autopreise bevorzugen? Diese Fragen beantworten sich natürlich von selbst. Kommen wir nun zur Abschlussprüfung: Wenn Sie in den nächsten fünf Jahren etwas ansparen wollen, sollten Sie in diesem Zeitraum auf höhere oder auf niedrigere Aktienkurse hoffen? Viele Anleger begehen hier einen Denkfehler. Selbst wenn sie auf viele Jahre hinaus Netto-Aktienkäufer sein werden, sind sie glücklich, wenn die Aktienkurse steigen, und niedergeschlagen, wenn sie fallen. Im Endeffekt freuen sie sich, dass der Preis der ‚Hamburger' gestiegen ist, die sie bald kaufen werden. Diese Reaktion ergibt keinen Sinn. Nur wer in der nahen Zukunft zum Aktienverkäufer wird, sollte glücklich sein, wenn die Aktien steigen. Potenzielle Käufer sollten fallende Preise eindeutig bevorzugen."*

DCA ist allerdings kein Allheilmittel, das das Risiko der Aktienanlage beseitigt. Es wird Ihre Altersvorsorge in Jahren wie 2008 nicht vor einem katastrophalen Wertverfall bewahren, weil einen kein

Plan vor einer verheerenden Baisse bewahren kann. Außerdem braucht man genug Bargeld und Zutrauen, um die regelmäßigen Zahlungen selbst dann fortzusetzen, wenn sich der Himmel verfinstert. Egal wie erschreckend die Finanznachrichten sind, egal wie schwer es ist, irgendwelche Anzeichen von Optimismus zu erkennen, Sie dürfen den Autopiloten dieses Programms nicht abschalten. Wenn Sie das tun, entgeht Ihnen nämlich der Vorteil, dass Sie zumindest einen Teil ihrer Aktien nach dem steilen Marktverfall gekauft haben, also dann, als sie zu niedrigen Preisen ausverkauft wurden. DCA verschafft Ihnen folgenden Vorteil: Ihr durchschnittlicher Preis pro Aktie wird niedriger sein als der durchschnittliche Preis, zu dem Sie Aktien gekauft haben. Wieso? Weil Sie mehr Aktien zu niedrigen Preisen und weniger zu hohen Preisen gekauft haben. Manche Anlageberater mögen DCA nicht besonders, weil diese Strategie nicht optimal ist, wenn der Markt geradlinig steigt. (Dann wäre es nämlich besser, die ganzen 5.000 Dollar am Anfang des Zeitraums in den Markt zu investieren.) Aber es stellt eine sinnvolle Versicherungspolice gegen schwache künftige Marktlagen dar. Und es minimiert die Reue, die man unweigerlich empfindet, wenn man das Pech hatte, sein gesamtes Geld während einer Spitzenperiode in den Aktienmarkt investiert zu haben – wie zum Beispiel im März 2000 oder im Oktober 2007.

REBALANCING

Rebalancing oder Neugewichtung ist die Methode, mit der professionelle Investoren dafür sorgen, dass ein Portfolio effizient diversifiziert bleibt. Es ist nicht kompliziert und wir sind überzeugt, dass Privatanleger ihre Portfolios auch regelmäßig neu gewichten sollten. Da sich die Marktpreise im Laufe der Zeit ändern, ändern sich auch die Anteile Ihres Portfolios, die in Aktien oder Anleihen investiert sind. Rebalancing bedeutet schlicht und einfach, dass man die Verteilung

auf verschiedene Investmenttypen regelmäßig prüft und sie wieder auf die gewünschten Prozentsätze bringt, falls sie sich davon entfernt haben. Rebalancing vermindert die Volatilität und das Risiko des Anlageportfolios und häufig kann es die Rendite verbessern.
Nehmen wir an, Sie sind zu dem Schluss gekommen, dass die beste Portfolio-Aufteilung für Ihr Alter und Ihre Risikotoleranz aus 60 Prozent Aktien und 40 Prozent Anleihen besteht. Wenn Sie Ihre Rentenkonten aufstocken, investieren Sie also 60 Prozent des neuen Geldes in einen Aktienfonds und den Rest in einen Anleihenfonds.
Die Bewegungen des Anleihenmarktes und des Aktienmarktes werden Ihre Aufteilung mit der Zeit verschieben. Kleinere Veränderungen (plus oder minus zehn Prozent) kann man getrost ignorieren. Aber was ist, wenn sich der Aktienmarkt innerhalb kurzer Zeit verdoppelt und die Anleihenpreise gleich bleiben? Dann würden Sie plötzlich feststellen, dass drei Viertel Ihres Portfolios in Aktien investiert sind und nur noch ein Viertel in Anleihen. Dadurch würde sich das gesamte Marktrisiko Ihres Portfolios von dem Gleichgewicht entfernen, das Sie als das für Sie geeignete bestimmt haben. Oder was passiert, wenn der Aktienmarkt steil einbricht und die Anleihenpreise steigen, so wie es den Anlegern im Jahr 2008 erging? Was machen Sie dann?
Die richtige Antwort lautet, dass Sie an Ihrem Portfolio-Mix Korrekturen vornehmen. Das meinen wir mit „Rebalancing" oder Neugewichtung. Dadurch lassen Sie nicht zu, dass in Ihrem Portfolio die Verhältnisse der Vermögenswerte zueinander zu weit von der idealen Mischung abweichen, die Sie als perfekt für sich selbst erachten. Nehmen wir an, der Aktienanteil in Ihrem Portfolio wäre zu hoch. Dann könnten Sie alle neuen Beiträge und auch die Dividenden aus Ihren Aktienanlagen in Anleiheinvestments anlegen. (Wenn das Gleichgewicht schwer gestört ist, können Sie auch einen

Teil ihres Geldes aus dem Aktienfonds in den Anleihenfonds umschichten.) Wenn hingegen der Anteil ihrer Investments in Anleihen so weit gestiegen ist, dass er über den gewünschten Anteil hinausgeht, können Sie Geld in Aktien umschichten.

Die richtige Reaktion auf den Preisrückgang einer Anlageklasse besteht niemals in Panik und Ausverkauf. Vielmehr benötigen Sie die langfristige Disziplin und innere Stärke, *mehr davon* zu kaufen. Bedenken Sie: Je tiefer die Aktienkurse sinken, umso günstiger sind die Schnäppchen, wenn Sie ein wahrhaft langfristig orientierter Anleger sind. Wenn der Markt steil einbricht, mag das Rebalancing so aussehen, als wäre es eine frustrierende „Möglichkeit, noch mehr Verlust zu machen". Aber auf lange Sicht werden Anleger, die ihre Portfolios diszipliniert neu gewichten, reich belohnt.

Wenn die Märkte sehr volatil sind, kann das Rebalancing tatsächlich die Rendite steigern und gleichzeitig das Risiko senken, weil es die Volatilität des Portfolios vermindert.

Die zehn Jahre von 1996 bis 2005 liefern ein hervorragendes Beispiel dafür. Nehmen wir an, ein Anleger hätte sich für die Allokation von 60 Prozent Aktien und 40 Prozent Anleihen entschieden. Um die Vorzüge des Rebalancings zu veranschaulichen, nehmen wir einen breit angelegten „Total Stock Market"-US-Indexfonds für den Aktienanteil des Portfolios und einen „Total Bond Market"-Indexfonds für die Anleihen. Die Tabelle auf Seite 73 zeigt, dass es durch Rebalancing gelungen ist, die Rendite des Anlegers zu steigern und gleichzeitig sein Risiko in Form der Ertragsschwankungen pro Quartal zu verringern.

Wenn ein Anleger einfach am Beginn des Zeitraums ein 60/40-Portfolio gekauft und es zehn Jahre lang gehalten hätte, dann hätte er eine durchschnittliche Rendite von 8,08 Prozent im Jahr erzielt. Aber wenn er das Portfolio jedes Jahr neu gewichtet hätte, um die 60/40-Mischung aufrechtzuerhalten, wäre die Rendite auf fast

Die Bedeutung des Rebalancings

Portfolio:[a] 60% Total Stock Market 40% Total Bond Market	Durchschnittliche Jahresrendite	Risiko (Volatilität)[b]
Jährlich neu gewichtet	8,46%	9,28
Nie neu gewichtet	8,08%	10,05

[a] Aktienmarkt in Form eines Fonds auf den Russell 3000, Anleihenmarkt in Form eines Lehman-Anleihenfonds auf den US-Anleihenmarkt.
[b] Die Schwankungen der Jahresrendite des Portfolios laut Standardabweichung.

8,5 Prozent gestiegen. Außerdem wären die Quartalsergebnisse stabiler geworden, sodass der Anleger ruhiger hätte schlafen können. In dem Jahrzehnt von Januar 1996 bis Dezember 2005 hätte ein jährlich neu gewichtetes Portfolio eine geringere Volatilität und eine höhere Rendite erbracht.

Warum hat das Rebalancing so gut funktioniert? Nehmen wir an, der Anleger hätte einmal pro Jahr jeweils Anfang Januar neu gewichtet. (Übertreiben Sie es nicht: Gewichten Sie einmal im Jahr neu.) Im Januar 2000, also nahe dem Höhepunkt des Internet-Wahnsinns, stieg der Aktienanteil des Portfolios deutlich über 60 Prozent, sodass einige Aktien verkauft und der Erlös in Anleihen gesteckt wurde, deren Preis gefallen war, während die Zinsen stiegen. Der Anleger wusste nicht, dass wir uns in der Nähe eines Börsenhochs befanden (der eigentliche Höhepunkt wurde im März 2000 erreicht). Er konnte jedoch Aktien abstoßen, als diese zu sehr hohen Preisen verkauft wurden. Als das Rebalancing im Januar 2003 durchgeführt wurde, hatte sich die Situation verändert. Die Aktienkurse waren steil zurückgegangen (das Tief wurde im Oktober 2002 erreicht) und die Anleihenpreise waren gestiegen, weil die Federal Reserve die Zinsen gesenkt hatte. Darum wurde Geld aus dem Anleihenteil des Portfolios entnommen und in Aktien investiert, und zwar zu Preisen, die sich als sehr günstig erwiesen.

Das Rebalancing erhöht nicht immer die Rendite. Aber es senkt immer das Risiko des Portfolios und es sorgt immer dafür, dass die tatsächlichen Allokationen mit den Allokationen übereinstimmen, die Ihren Bedürfnissen und Ihrem Temperament entsprechen.

DAS REBALANCING ERHÖHT NICHT IMMER DIE RENDITE. ABER ES SENKT IMMER DAS RISIKO DES PORTFOLIOS UND ES SORGT IMMER DAFÜR, DASS DIE TATSÄCHLICHEN ALLOKATIONEN MIT DEN ALLOKATIONEN ÜBEREINSTIMMEN, DIE IHREN BEDÜRFNISSEN UND IHREM TEMPERAMENT ENTSPRECHEN.

Anleger können das Rebalancing auch dafür einsetzen, die Zusammensetzung des Portfolios mit zunehmendem Alter zu ändern. Bei den meisten Menschen sorgt eine immer konservativere Mischung aus Vermögenswerten, deren Aktienanteil bewusst immer kleiner wird, für weniger Stress, wenn sie sich dem Rentenalter nähern und schließlich in den Ruhestand gehen.

4.

Vermeiden Sie Fehler

Der wichtigste Faktor für Ihren langfristigen Anlageerfolg sind Sie – weitaus wichtiger als der Markt oder die Konjunktur. Wir sind beide über 70. Das gilt auch für Amerikas beliebtesten Investor, Warren Buffett. Der Hauptunterschied zwischen seinen spektakulären Ergebnissen und unseren guten Ergebnissen ist weder der Markt noch die Wirtschaft, sondern der Mann aus Omaha. Er ist einfach ein besserer Anleger als so ziemlich jeder andere Anleger der Welt, ob Amateur oder Profi. Er ist brillant, konsequent rational, mit einem genialen Geschäftssinn gesegnet, er verwendet mehr Zeit und Mühe darauf, ein besserer Anleger zu sein, und er ist disziplinierter.

Einer der Hauptgründe für Buffetts Erfolg besteht darin, dass es ihm gelungen ist, die großen Fehler zu vermeiden, die schon so viele Portfolios zermalmt haben. Sehen wir uns zwei Beispiele dafür an.

Anfang 2000 verkündeten viele Beobachter, Buffett habe aus irgendwelchen Gründen kein gutes Händchen mehr. Sein Berkshire-Hathaway-Portfolio war in puncto Performance hinter den populären Hightech-Fonds zurückgeblieben, die sich spektakulärer Renditen erfreuten, indem sie Aktien von Technologieunternehmen und Internet-Startups anhäuften. Buffett mied sämtliche Technologie-Aktien.

Er erklärte seinen Anlegern, er weigere sich, in irgendein Unternehmen zu investieren, dessen Geschäfte er nicht vollständig durchschaue oder bei dem er sich nicht vorstellen könne, dass das Geschäftsmodell für einen stetig wachsenden Einnahmenstrom sorgen würde. Buffett nahm nicht für sich in Anspruch, die komplizierte, sich schnell wandelnde Technologiebranche zu verstehen. Manche waren der Meinung, er sei ein von gestern, er habe sich überlebt. Aber Buffett lachte als Letzter, als die Internet-Aktien krachend abstürzten.

In den Jahren 2005 und 2006 mied Buffett weitgehend die beliebten, komplexen hypothekenbesicherten Wertpapiere und die Derivate, die Eingang in so viele Anlageportfolios gefunden hatten. Wieder war er der Ansicht, sie seien zu komplex und zu undurchsichtig. Er bezeichnete sie als „finanzielle Massenvernichtungswaffen“. Als sie im Jahr 2007 so manches Finanzinstitut zum Einsturz brachten (und unser gesamtes Finanzsystem verwüsteten), blieb Berkshire Hathaway das Schlimmste der Finanzkatastrophe erspart.

Die Vermeidung ernstlicher Schwierigkeiten, vor allem von Schwierigkeiten, die auf unnötigen Risiken beruhen, gehört zu den großen Geheimnissen des Anlageerfolgs. Allzu oft besiegen sich Investoren selbst, indem sie schwerwiegende – und vollkommen unnötige – Anlagefehler begehen. In diesem Kapitel stellen wir die gängigen Investmentfehler vor, die Sie von der Verwirklichung Ihrer Ziele abhalten können.

WIE BEI SO VIELEN MENSCHLICHEN UNTERNEHMUNGEN SIND AUCH HIER DIE GEHEIMNISSE DES ERFOLGES: GEDULD, BEHARRLICHKEIT UND MÖGLICHST WENIGE FEHLER.

Wie bei so vielen menschlichen Unternehmungen sind auch hier die Geheimnisse des Erfolges: Geduld, Beharrlichkeit und möglichst wenige Fehler. Beim Autofahren bestehen sie darin, keine schweren Unfälle zu bauen; beim Tennis ist es entscheidend, dass man den Ball zurückschlägt; und bei der Geldanlage ist es das Index-Investing – dass man die Kosten und Fehler vermeidet, die so vielen Anlegern so viel Schaden zufügen.

ÜBERTRIEBENES SELBSTVERTRAUEN

Eine Gruppe von Verhaltenspsychologen und Finanzwissenschaftlern hat unlängst das neue Gebiet der „Behavioral Finance“ oder der „Verhaltensorientierten Finanzierungslehre“ begründet. Ihre Forschungen zeigen, dass wir nicht immer rational handeln und dass wir bei der Geldanlage oft unsere größten Feinde sind. Wir sind tendenziell zu selbstbewusst, glauben, die Fäden in der Hand zu haben, und lassen uns von der Masse niedertrampeln. Selbsterkenntnis ist der erste Schritt auf dem Weg zur Besserung.

An unseren beiden Lieblingsuniversitäten, nämlich in Yale und in Princeton, legen Psychologen den Studenten gerne Fragebögen vor, auf denen sie gebeten werden, sich im Hinblick auf verschiedene Fähigkeiten mit ihren Kommilitonen zu vergleichen. Die Studenten werden beispielsweise gefragt: „Sind Sie ein besserer Autofahrer als Ihr durchschnittlicher Kommilitone?“ Es ist ausnahmslos so, dass die überwältigende Mehrheit antwortet, sie halte sich im Vergleich zu ihren Kommilitonen für überdurchschnittliche Autofahrer.

Selbst bei der Frage nach sportlichen Fähigkeiten, wo man annehmen sollte, es sei schwieriger, sich selbst zu täuschen, halten sich die Studenten im Allgemeinen für überdurchschnittliche Sportler; ebenso sehen sie sich als überdurchschnittliche Tänzer, Umweltschützer, Freunde und so weiter.

Genauso verhält es sich bei der Geldanlage. Wenn wir eine erfolgreiche Anlage tätigen, verwechseln wir Glück mit Geschick. Anfang 2000 konnte man sich leicht der Illusion hingeben, man sei ein Investmentgenie, wenn sich eine Internet-Aktie verdoppelte und dann erneut verdoppelte. Der erste Schritt zur Bewältigung der gefährlichen Auswirkungen des überzogenen Selbstvertrauens ist die Erkenntnis, wie verbreitet es ist. Im Amateur-Tennis gewinnt gewöhnlich derjenige Spieler, der konsequent den Ball zurückschlägt, ohne ausgefallene Tricks zu probieren. Ähnlich ist es mit dem „Buy and Hold"-Anleger, der ein diversifiziertes Portfolio aus preisgünstigen Indexfonds umsichtig durch Dick und Dünn hält. Er ist derjenige, der mit der größten Wahrscheinlichkeit seine langfristigen Anlageziele erreicht.

Man sollte als Anleger dem Drang widerstehen, den Aktienmarkt vorherzusagen. Es ist unwahrscheinlich, dass Vorhersagen – sogar Vorhersagen von anerkannten „Experten" – besser als willkürliches Raten sind. „Er wird schwanken", verkündete J. P. Morgan, wenn er nach seinen Erwartungen für den Aktienmarkt gefragt wurde. Er hatte recht. Alle anderen Marktprognosen – die normalerweise die allgemeine Richtung des Aktienmarktes abschätzen – liegen historisch gesehen zu 50 Prozent richtig und zu 50 Prozent falsch. Auf einen Münzwurf würden Sie nicht viel Geld setzen, also denken Sie nicht einmal daran, anhand von Börsenprognosen zu handeln.

Warum nicht? Die Prognosen vieler Entwicklungen in der „Realwirtschaft", die auf harten Zahlen basieren, sind wunderbar und nützlich. Das gilt auch für Wettervorhersagen. Börsenprognosen sind aber um ein Vielfaches schwieriger. Börsenprognosen haben deshalb eine schlechte Erfolgsbilanz, weil der Markt ohnehin das Gesamtergebnis vieler, sehr vieler gut informierter Investoren ist, die ihre besten Schätzungen abgeben und ihre Ansichten in Form von echtem Geld äußern. Wenn man den Aktienmarkt vorhersagt, sagt man in Wirklichkeit voraus, wie andere Anleger ihre Einschätzungen verändern werden, die sie im Moment nach besten Kräften vertreten. Das heißt: Damit jemand, der den Markt voraussagt, recht hat, muss der Konsens aller anderen ein Irrtum sein *und* derjenige, der die Prognose abgibt, muss ermitteln, in welche Richtung – nach oben oder nach unten – der Markt von Änderungen des Konsenses genau dieser aktiven Anleger bewegt wird.

Wir Menschen lassen uns gerne sagen, was die Zukunft bringen wird. Wahrsager und Astrologen haben zu allen Zeiten Vorhersagen abgegeben. Seit Jahrhunderten gehört eine ganze Palette anregender *Mythen* zum menschlichen Leben dazu – und wir sind immer noch nur Menschen. Gebäude haben kein 13. Stockwerk, wir gehen nicht unter Leitern hindurch, wir werfen Salz über die Schulter und treten nicht auf Risse im Gehsteig. „Qué será, será" ist eine hübsche Melodie, verschafft aber keine echte Befriedigung.

Die umfangreichste, längste Untersuchung der Wirtschaftsprognosen von Experten wurde von Philip Tetlock durchgeführt, Professor an der Haas Business School der University of California in Berkeley. Er untersuchte 82.000 Vorhersagen von 300 ausgewählten Experten über 25 Jahre. Tetlock kommt zu dem Schluss, dass Expertenprognosen kaum besser als willkürliche Schätzungen sind. Ironischerweise sind die Vorhersagen desto ungenauer, je berühmter der Experte ist.

Und wie soll man als Anleger nun mit Prognosen umgehen – mit Börsenprognosen, Zinsprognosen und Wirtschaftsprognosen? Antwort: Gar nicht. Wenn man alle Marktprognosen ignoriert, spart man Zeit, Sorgen und Geld.

UND WIE SOLL MAN ALS ANLEGER NUN MIT PROGNOSEN UMGEHEN – MIT BÖRSENPROGNOSEN, ZINSPROGNOSEN UND WIRTSCHAFTSPROGNOSEN? ANTWORT: GAR NICHT. WENN MAN ALLE MARKTPROGNOSEN IGNORIERT, SPART MAN ZEIT, ANGST UND GELD.

HÜTEN SIE SICH VOR MR. MARKET

Wir Menschen fühlen uns sicher, wenn wir zu mehreren auftreten. In Zeiten des Aufschwungs und der Euphorie werden die Anleger tendenziell immer optimistischer und gehen unbewusst immer größere Risiken ein. Deshalb verstärken sich Spekulationsblasen selbst. Aber jegliches Investment, das zum verbreiteten Gesprächsthema unter Freunden geworden ist oder das von den Medien angepriesen wird, wird mit hoher Wahrscheinlichkeit erfolglos sein.

Im Laufe der Geschichte wurden einige der schlimmsten Anlagefehler von Menschen begangen, die sich von Spekulationsblasen mitreißen ließen. Ob nun Tulpenzwiebeln im Holland der 1630er-Jahre, Immobilien im Japan der 1980er-Jahre oder Internet-Aktien Ende der 1990er-Jahre in den Vereinigten Staaten: Der Herdentrieb – verbunden mit der Überzeugung: „Diesmal ist alles anders" – verführt die Menschen zu den schlimmsten Anlagefehlern. So wie ansteckende Euphorie die Anleger dazu verleitet, immer größere Risiken einzugehen, so verleitet das gleiche selbstzerstörerische Verhalten viele Anleger dazu, das Handtuch zu werfen und um den Tiefpunkt des Marktes herum zu verkaufen, wenn der Pessimismus grassiert und nahe liegend zu sein scheint.

Eine der wichtigsten Lektionen der Geldanlage, die es zu lernen gilt, lautet, dass man es vermeiden sollte, mit der Meute zu laufen. Lassen Sie sich weder von übertriebener Zuversicht in den Markt noch von überzogener Mutlosigkeit mitreißen. Hüten sie sich vor „Mr. Market“.

Benjamin Graham, der Vater der Investmentanalyse, hat zwei Figuren erfunden, die um die Aufmerksamkeit der Anleger wetteifern.* Der eine ist Mr. Market und der andere Mr. Value. Mr. Value erfindet, fabriziert und verkauft die vielen Waren und Dienstleistungen, die wir alle brauchen. Der gewissenhafte Mr. Value arbeitet fleißig an sich ständig wiederholenden und häufig langweiligen Aufgaben. Er schlägt sich Tage und Nächte um die Ohren, damit unsere komplexe Wirtschaft Tag für Tag Millionen wichtiger Funktionen erfüllen kann. Wir sind selten von ihm gefesselt, aber wir wissen, dass wir auf ihn zählen können und dass er sein Bestes gibt, um unsere Wünsche zu erfüllen.

Während Mr. Value die ganze Arbeit erledigt, hat Mr. Market seinen Spaß. Mr. Market verfolgt zwei boshafte Ziele: Erstens will er die Anleger mit Tricks dazu verleiten, dass sie Aktien oder Investmentfonds am Tiefpunkt oder in der Nähe des Tiefpunkts *verkaufen.* Zweitens will er die Anleger mit Tricks dazu verleiten, dass sie Aktien oder Investmentfonds auf dem Höhepunkt oder in der Nähe des Höhepunkts *kaufen.* Mit seinen Tricks versucht Mr. Market uns dazu zu bringen, dass wir unsere Investments zum falschen Zeitpunkt umschichten – und das macht er wirklich gut. Manchmal ist er Furcht einflößend, manchmal freundlich und charmant, manchmal überzeugend positiv, manchmal überzeugend negativ gestimmt, aber immer fesselnd. Dieser bösartige, selbstbewusst auftretende Wirtschaftsgigolo hat nur ein einziges Ziel: Sie dazu zu bringen, *irgendetwas zu tun.* Etwas ändern, kaufen oder verkaufen – alles ist in Ordnung, solange Sie überhaupt handeln. Und dann tun Sie etwas anderes. Je mehr Sie agieren, um so fröhlicher wird er.

* Graham, Benjamin: *Intelligent investieren. Der Bestseller über die richtige Anlagestrategie,* FinanzBuch 2005.

Mr. Market kostet Geld, und die Kosten für die Transaktionen sind noch der kleinere Teil der gesamten Kosten. Der größere Teil beruht auf den Fehlern, zu denen er uns verleitet – hoch kaufen und tief verkaufen. Schauen Sie sich einmal die Erfolgsbilanz dieses gerissenen Teufels an. Sie erkennen, wie er die Gesamtheit der Anleger verführt. In der folgenden Abbildung legen wir die Mittelzuflüsse von Aktien-Investmentfonds über das allgemeine Niveau der Marktpreise. Die Lektion ist deutlich: Wenn die Preise hoch sind, fließt Geld in die Fonds. Die Anleger stecken genau zum falschen Zeitpunkt Geld in Aktien-Investmentfonds.

Im vierten Quartal 1999 und im ersten Quartal 2000 – genau auf dem Höhepunkt des Marktes – floss mehr Geld in Aktien-Investmentfonds als je zuvor. Und der größte Teil des Geldes, das in den Markt floss, war für Hightech- und Internet-Fonds bestimmt – also für diejenigen Aktien, die am stärksten überteuert waren und im Zuge der nachfolgenden Baisse am kräftigsten verloren. Und dann, im dritten Quartal 2002, floss mehr Geld aus dem Markt ab als je zuvor, weil Investmentfonds zurückgenommen oder aufgelöst wurden – genau an der Talsohle des Marktes. Beachten Sie außerdem, dass die Rücknahmen während der schmerzhaften Baisse 2007 und 2008 neue Rekordzahlen erreichten, weil viele Anleger das Handtuch warfen und ihre Fondsanteile zu Rekordtiefs verkauften – kurz bevor der erste und häufig beste Teil einer Börsenerholung begann.

Aber nicht der Preis von heute zählt wirklich und nicht einmal der Preis im nächsten Jahr, sondern der Preis, den Sie bekommen, wenn es Zeit wird, zu verkaufen, damit Sie in den Jahren Ihres Ruhestands Geld ausgeben können. Für die meisten Anleger liegt der Ruhestand noch weit in der Zukunft. Wenn Pessimismus herrscht und die Marktpreise niedrig sind, ist eigentlich der schlechteste Zeitpunkt, zu verkaufen oder seine regelmäßigen Anlagebeiträge zu stoppen. Wenn die Aktien im Angebot sind, ist es Zeit, zu kaufen.

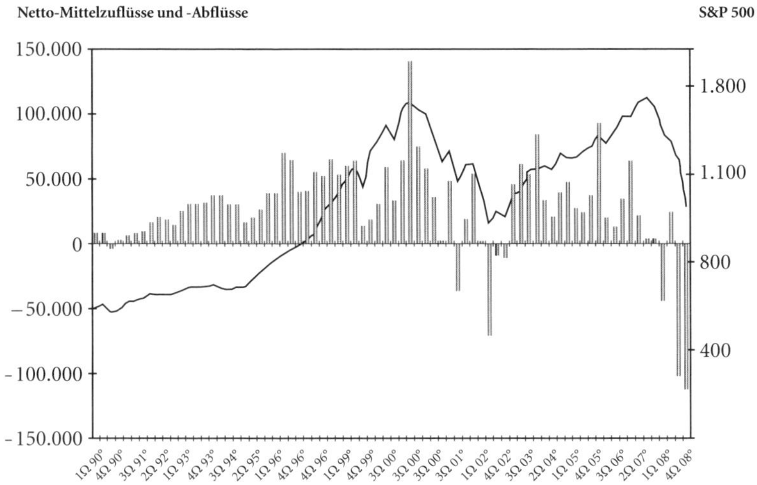

Die Mittelflüsse der Aktienfonds richten sich nach dem Aktienmarkt
Quelle: The Vanguard Group

Geldanlage ist wie die Erziehung von Teenagern: stellenweise „interessant“, wenn sie zu tollen Erwachsenen heranwachsen. Erfahrene Eltern wissen, dass sie langfristig denken müssen und sich nicht auf die dramatischen täglichen Auseinandersetzungen konzentrieren dürfen. Das gilt auch für die Geldanlage. Lassen Sie sich von Mr. Market weder zur Ausgelassenheit noch zur Verzweiflung verleiten. Denken Sie ebenso wie bei richtig schlechtem Wetter an den guten alten Spruch: „Auch das geht vorüber.“
Es ist Ihnen egal, ob es in 10.000 Meilen Entfernung kalt und regnerisch oder warm und sonnig ist, denn es ist nicht *Ihr* Wetter. Genauso gelassen könnten Sie Ihre Anlagen für die Altersvorsorge betrachten, bis Sie sich dem Ruhestandsalter nähern. Selbst wenn Sie schon 60

sind, leben Sie wahrscheinlich noch 25 Jahre und ihr Ehepartner vielleicht noch ein paar Jahre länger.

DAS TIMING-BUSSGELD

Macht das Timing-Bußgeld – der Preis für die Voraussage des Marktes – einen großen Unterschied? In der Tat. Insgesamt liefert der Aktienmarkt über längere Zeiträume eine durchschnittliche Rendite von rund 9,5 Prozent. Aber diese Rendite gibt nur an, was ein „Buy and Hold"-Investor verdienen würde, wenn er am Anfang des Zeitraums Geld anlegen und das Geld durch Dick und Dünn liegen lassen würde. Tatsächlich sind die Renditen des Durchschnittsanlegers mindestens zwei Prozentpunkte – fast ein Viertel – niedriger, weil das Geld tendenziell auf dem Höhepunkt oder in der Nähe des Höhepunkts investiert und am Tiefpunkt oder in der Nähe des Tiefpunkts abgezogen wird.*

Zu dem Bußgeld für Timing kommt noch das Bußgeld für die Auswahl hinzu. Als Ende 1999 und Anfang 2000 Geld in die Aktien-Investmentfonds strömte, floss das meiste davon in die riskanteren Fonds – die in Hightech- und Internet-Aktien investierten. Die soliden sogenannten „Value"-Fonds, die Aktien mit niedrigen Kurs-Gewinn-Verhältnissen und hohen Dividendenrenditen hielten, erlebten viele Rücknahmen. Im Laufe der nachfolgenden Baisse hielten sich gerade diese „Value"-Fonds sehr gut, während die „Growth"-Fonds schwere Preisrückgänge erlitten. Deshalb ist die Kluft zwischen den tatsächlichen Renditen von Anlegern und der Rendite des Gesamtmarktes sogar noch größer als die zwei Prozentpunkte, die wir bereits erwähnt haben.

Doch zum Glück gibt es Hoffnung. Mr. Market kann uns nur Schaden zufügen, wenn wir es zulassen. Wir müssen also alle lernen, dass

* Dichev, Ilia D.: „What Are Stock Investors' Actual Historical Returns?", in: *American Economic Review* 97, März 2007, S. 386-401.

es eigentlich *unser* Fehler ist, wenn wir uns von Mr. Market austricksen oder über den Tisch ziehen lassen. Wie unsere Mutter immer gesagt hat: Böse Menschen können uns nur dann aufziehen, beleidigen oder wehtun, wenn wir es ihnen gestatten. Sie haben als Anleger die Macht, zu verhindern, dass der teuflische Mr. Market Sie ins Verderben stürzt: Ignorieren Sie ihn. Kaufen und halten Sie ganz einfach einen der breit angelegten Indexfonds, die wir auf den Seiten 110 bis 112 angeben.

NOCH MEHR FEHLER

Psychologen haben festgestellt, dass Menschen zu dem Glauben neigen, sie hätten die Kontrolle über Ereignisse, obwohl sie sie tatsächlich nicht haben. Bei Anlegern kann diese Illusion dazu führen, dass sie eine Verlierer-Aktie in ihrem Portfolio überbewerten. Sie kann auch dazu führen, dass Menschen sich Trends einbilden, wo gar keine existieren, oder dass sie meinen, sie könnten in dem Kurschart einer Aktie ein Muster erkennen und daraus die Zukunft vorhersagen. Charttechnik ähnelt der Astrologie. Die Veränderungen von Aktienkursen sind einem „Random Walk" [eine Zufallsbewegung, die auch als „symmetrische Irrfahrt" bezeichnet wird, die gern anhand eines Betrunkenen veranschaulicht wird, der seinen Laternenpfahl losgelassen hat, und die den Originaltitel von Malkiels bekanntestem Buch *Börsenerfolg ist (k)ein Zufall* lieferte: *A Random Walk Down Wall Street*, Anm. d. Ü.] sehr ähnlich: Es gibt keine zuverlässige Möglichkeit, die künftigen Bewegungen eines Aktienkurses anhand seiner früheren Bewegungen vorherzusagen. Das Gleiche gilt für angebliche „saisonale" Muster, sogar wenn sie anscheinend seit Jahrzehnten funktionieren. Sobald alle wissen, dass es zwischen Weihnachten und Neujahr eine Weihnachtsmann-Rallye an der Börse gibt, löst sich dieses „Muster" auf. Das liegt daran, dass die Anleger nun einen Tag vor Weihnachten kaufen und einen

Tag vor Jahresende verkaufen, um von dieser angeblich regelmäßigen Erscheinung zu profitieren. Aber dann müssen die Anleger noch früher aufstehen und zwei Tage vor Weihnachten kaufen sowie zwei Tage vor Jahresende verkaufen. Schon bald findet die ganze Kauftätigkeit deutlich vor Weihnachten statt, und die Verkäufe finden etwa um Weihnachten herum statt. Kein vermeintliches Aktienkurs-„Muster“, das entdeckt wird, ist von Dauer – denn es gibt immer Menschen, die versuchen werden, es auszunutzen.

Psychologen machen uns auch darauf aufmerksam, dass Anleger unter Verlusten weitaus mehr leiden, als sie sich über Gewinne freuen. Dies führt dazu, dass Menschen ihre Gewinner abstoßen, wenn sie Geld brauchen, und dass sie an ihren Verlierern festhalten, weil sie nicht anerkennen oder eingestehen wollen, dass sie einen Fehler gemacht haben. Bedenken Sie: Der Verkauf von Gewinnern bedeutet, dass man Kapitalertragsteuer bezahlen muss, während der Verkauf von Verlierern zu Steuervorteilen führen kann. Wenn Sie schon verkaufen müssen, dann verkaufen Sie lieber Ihre Verlierer. Auf diese Weise haben Sie wenigstens einen Steuervorteil, anstatt mehr Steuern bezahlen zu müssen.

DIE KOSTEN MINIMIEREN

Es gibt eine Investmentwahrheit, mit der Sie Ihre Anlagerendite zuverlässig steigern können, wenn Sie sich daran halten: Minimieren Sie Ihre Anlagekosten. Wir haben zwei Menschenalter lang darüber nachgedacht, welche Investmentfonds-Manager jahrein, jahraus die beste Performance haben werden. Jetzt wissen wir: Es war und ist hoffnungslos.

**ES GIBT EINE INVESTMENTWAHRHEIT,
MIT DER SIE IHRE ANLAGERENDITE
ZUVERLÄSSIG STEIGERN KÖNNEN,**

WENN SIE SICH DARAN HALTEN: MINIMIEREN SIE IHRE ANLAGEKOSTEN.

Und zwar aus folgendem Grund: Die bisherige Performance ist *kein* gutes Indiz für künftige Renditen. Was hingegen *tatsächlich* auf die künftige Investmentperformance hinweist, sind die Gebühren, die der Vermögensverwalter verlangt. Je mehr Gebühren man für die Anlageberatung bezahlt, umso geringer ist die Anlagerendite. Wie unser Freund Jack Bogle gern sagt: Im Anlagegeschäft „bekommt man das, was man *nicht* bezahlt".

Wir möchten diese Behauptung anhand der folgenden einfachen Tabelle belegen. Wir sehen uns alle Aktien-Investmentfonds über

Kosten und Netto-Renditen: Alle allgemeinen Aktienfonds

	31.12.1994 bis 31.12.2008 Jährliche Gesamtrendite	Letzte Gesamt-Kosten quote	Jährlicher Portfolio-Umschlag
Günstigstes Quartil	7,24%	0,71%	25,50%
Quartil 2	6,51%	1,09%	54,50%
Quartil 3	5,87%	1,33%	80,80%
Teuerstes Quartil	4,65%	1,80%	146,50%

Quellen: Lipper und Bogle Financial Research Center

einen Zeitraum von 15 Jahren an und bestimmen die Rendite, die sie ihren Anlegern gebracht haben, sowie sämtliche Kosten, die sie verlangt haben, und die impliziten Kosten für den Portfolio-Umschlag – die Kosten für den Kauf und Verkauf von Portfoliopositionen. Dann teilen wir die Fonds in vier Gruppen – Quartile – ein und geben die durchschnittlichen Renditen und Kosten jedes Quartils an. Die Fonds in dem Quartil mit den geringsten Kosten liefern die besten Erträge.

Wenn Sie einen Investmentfonds mit Spitzenperformance haben wollen, kaufen Sie einen Fonds mit geringen Kosten. Selbstverständlich sind die preisgünstigsten Fonds, die es gibt, die Indexfonds, die wir über das ganze Buch hinweg empfehlen. Wenn wir die Renditen *nach Steuern* betrachten, wird unsere Schlussfolgerung noch überzeugender, weil Fonds mit hohem Umsatz tendenziell steuerlich ungünstiger sind.

Wenn wir schon bei dem Thema Kostensenkung sind, möchten wir Sie noch vor den Brokern warnen. Broker haben vor allem ein Ziel: Ein gutes Einkommen für sich selbst. Deshalb verhalten sie sich so, wie sie es eben tun. Der eigentliche Job eines Brokers besteht nicht darin, Geld *für Sie* zu verdienen, sondern Geld *an Ihnen* zu verdienen. Natürlich haben Broker allen Grund, nett, freundlich und sympathisch zu sein. Wenn sie freundlich sind, machen sie nämlich mehr Geschäfte. Lassen Sie sich also nicht verwirren. Ihr Broker ist ihr Broker – Punkt.

Der typische Broker spricht mit rund 75 Kunden, die zusammen etwa 40 Millionen Dollar anlegen. (Überlegen Sie einmal kurz, wie viele Freunde Sie haben und wie viel Zeit Sie brauchen, um jede dieser Freundschaften zu pflegen.) Je nach dem Vertrag, den der Broker mit seiner Firma geschlossen hat, bekommt er vielleicht circa 40 Prozent der Gebühren, die Sie bezahlen. Wenn er ein Einkommen von 100.000 Dollar haben will, muss er also 250.000 Dollar an

Gebühren von seinen Kunden einnehmen. Rechnen Sie sich das einmal aus. Wenn er 200.000 Dollar braucht, muss er 500.000 Dollar einnehmen. Dieses Geld muss er Ihnen und allen seinen anderen Kunden abnehmen. Ihr Geld wandert aus Ihrer Tasche in seine Tasche. Deshalb kann es so teuer werden, mit einem Broker „befreundet" zu sein. Der Broker und Mr. Market haben nur ein Interesse: Dass sie handeln, egal wie.

Wir raten Ihnen dringend, sich nicht wie beim Rommé zu verhalten. Springen sie nicht von einer Aktie zur anderen oder von einem Investmentfonds zum anderen, so als würden sie Karten an verschiedenen Stellen in einer Rommé-Partie anlegen, denn dadurch erhöhen sich Ihre Gebühren (und wahrscheinlich auch Ihre steuerlichen Lasten). Wir sind der Meinung, dass Privatanleger nicht versuchen sollten, einzelne Aktien zu kaufen oder bestimmte aktiv gemanagte Investmentfonds auszuwählen. Kaufen und halten Sie einen kostengünstigen, breit angelegten Indexfonds, dann können Sie mit hoher Wahrscheinlichkeit deutlich überdurchschnittliche Renditen genießen, weil Ihre Kosten so gering sind.

5.

Machen Sie es sich einfach

Albert Einstein, der größte Wissenschaftler des 20. Jahrhunderts, hielt sich in seinem Bemühen, die komplexen Geheimnisse des Universums zu enthüllen, an eine zentrale Maxime: „Man sollte alles so einfach wie möglich machen, aber auch nicht einfacher." Dem stimmen wir zu.

Wir wissen, dass die Finanzpresse lauter Storys über die Komplexität unserer modernen Finanzwelt verbreitet und dass die Welt der Geldanlage häufig fürchterlich kompliziert erscheint. Aber allen ausgeklügelten Produkten zum Trotz, die Ihnen manche Scharlatane gerne verkaufen würden (weil sie für die Verkäufer so profitabel sind), können sie dadurch wachsen und gedeihen, dass Sie sich an das Einfache halten.

Deshalb stellen wir in diesem Kapitel ein paar einfache, leicht verständliche Regeln vor, an die man sich gut halten kann und die einem helfen, finanzielle Sicherheit zu erreichen. Zwar befinden sich manche Menschen in einer besonders komplexen finanziellen Situation, aber wir glauben, dass die Regeln, die wir anbieten, bei fast allen Anlegern gut funktionieren. Und das Portfolio, das wir vorstellen werden, ist für mindestens 90 Prozent der Privatanleger „goldrichtig". Die vielen komplizierten Kleinigkeiten, die nur der Anpassung an die ungewöhnlichen Umstände dienen, welche auf ganz bestimmte Anleger zutreffen, lassen wir bewusst weg.*

In diesem Abschnitt gehen wir zunächst noch einmal die einfachen Regeln der erfolgreichen langfristigen Geldanlage durch. Danach stellen wir Ihnen und Ihren Lieben, mit denen Sie das hoffentlich besprechen, das KISS-Portfolio vor (Keep It Simple, Sweetheart [etwa: „Mach's möglichst einfach, Liebling", Anm. d. Ü.]). Wir glauben, dass unsere Regeln und unsere Portfolio-Empfehlungen die besten Ratschläge enthalten. Sie sind für alle Anleger wichtig.

DAS KISS-PORTFOLIO IST FÜR MINDESTENS 90 PROZENT DER PRIVATANLEGER „GOLDRICHTIG".

ÜBERSICHT ÜBER DIE GRUNDREGELN

Hier noch einmal die Grundregeln in Kurzform. Die meisten davon haben wir bereits in früheren Kapiteln besprochen:

1. *Sparen Sie frühzeitig und regelmäßig.*
   Der wichtigste Schritt in Richtung des Aufbaus eines ordentlichen Sparstrumpfs und der Sicherung eines

* Wenn Ihre finanzielle oder steuerliche Situation besonders komplex *ist*, dann holen Sie sich Rat bei einem Steuerberater oder einem Finanzberater. Am besten ist ein Berater auf Honorarbasis. Berater, die Provisionen auf spezielle Investments kassieren, die sie Ihnen verkaufen, empfehlen Ihnen mit höherer Wahrscheinlichkeit kostspielige Finanzprodukte, an denen sie mehr verdienen.

sorgenfreien Ruhestands besteht darin, frühzeitig mit dem Sparen anzufangen und weiterhin regelmäßig zu sparen. Es gibt für Sie und Ihre Familie keinen einfachen Weg zum Reichtum. Das Geheimnis des Wohlstands besteht darin, dass es kein Geheimnis gibt. Der einzige Weg zum Reichtum – außer wenn man erbt, reich heiratet oder im Lotto gewinnt – besteht darin, langsam reich zu werden. Fangen Sie früh an und zahlen Sie so lange wie möglich so viel wie möglich in Ihren Sparplan ein.

2. *Nutzen Sie die Unterstützung durch Ihren Arbeitgeber und durch den Staat als Turbo für Ihre Ersparnisse.*
Es erstaunt und erschreckt uns, wie viele Menschen die Arbeitgeberbeiträge zu ihren Rentenplänen nicht vollständig ausnutzen. Traurigerweise beteiligen sich viele Menschen überhaupt nicht an einem solchen Plan, obwohl ihr Arbeitgeber auf jeden Dollar, den der Arbeitnehmer einzahlt, einen weiteren Dollar drauflegen würde. Auch der Staat fördert das Sparen, denn die Beiträge werden erst viele Jahre später besteuert, nämlich dann, wenn man das Geld abhebt, um seinen Ruhestand zu genießen.

3. *Legen Sie eine Bargeldreserve auf die Seite.*
„Dumm gelaufen“ ist eine allseits beliebte Phrase. Wir brauchen Bargeldreserven für die „überraschenden Kosten“, mit denen wir immer rechnen müssen. Solche Reserven sollte man in erstklassige kurzfristige Instrumente investieren, denn hier haben die Sicherheit des Kapitals und die garantierte Liquidität Vorrang.

Die Höhe der Bargeldreserve bleibt Ihnen überlassen, aber die meisten Finanzplaner empfehlen, für den Ruhestand, wenn man kein Bareinkommen mehr bezieht, die Lebenshaltungskosten für mindestens sechs Monate auf die Seite zu legen. Sie sollten dabei zwar kein großes Risiko eingehen, um höhere Erträge zu erzielen, aber Sie sollten wie bei allen anderen Finanzinstrumenten auch möglichst die Kosten minimieren. Eine Investmentregel steht für uns unumstößlich fest: Je mehr Geld man dem Anbieter eines Investmentprodukts bezahlt, umso niedriger ist die Rendite.

Man sollte die Barreserve in staatlich garantierte Bankeinlagen oder sichere Geldmarktfonds investieren. Gehen Sie auf die Suche nach den höchsten Zinsen. Häufig bieten Internetbanken die besten Zinsen. Vielleicht entscheiden Sie sich für ein Sparkonto oder für Bankeinlagenzertifikate; achten Sie jedoch bei Sparbüchern und Zertifikaten darauf, ob die Bank einem Einlagensicherungsfonds angeschlossen ist [und wie hoch die Absicherung ist, insbesondere bei Banken, die ihren Sitz nicht in Deutschland haben, Anm. d. Ü.].

Die meisten Geldmarktfonds, die später aufgelistet werden, sind zwar nicht versichert, aber sie bieten häufig höhere Zinsen und den Vorteil des kostenlosen Giroverkehrs (bis 250 Dollar oder mehr). Normalerweise kaufen solche Geldmarktfonds sehr große Einlagenzertifikate von Banken, oder sie kaufen kurzfristige Schuldverschreibungen erstklassiger Unternehmensschuldner.

Eine Auswahl günstiger Geldmarkfonds

Name des Fonds	Tickersymbol	Kostenquote	Einjährige Rendite*	Fünfjährige Rendite*
Vanguard Prime Money Market www.vanguard.com: 800-662-7447	VMMXX	0,23 %	1,65 %	3,39 %
Vanguard Admiral Treasury Money Market Fund www.vanguard.com: 800-662-7447	VUSXX	0,15 %	0,99 %	3,09 %
Vanguard Tax-Exempt Money Market www.vanguard.com: 800-662-7447	VMSXX	0,17 %	1,39 %	2,52 %
Fidelity Cash Reserves www.fidelity.com: 800-343-3548	FDRXX	0,39 %	1,72 %	3,35 %
Fidelity Government Money Market Fund www.fidelity.com: 800-343-3548	SPAXX	0,45 %	1,19 %	3,14 %
Fidelity Tax-Free Money Market Fund www.fidelity.com: 800-343-3548	FMOXX	0,48 %	0,79 %	2,14 %

* bis 30.04.2009

Wenn sie absolut auf Nummer Sicher gehen wollen, kaufen sie die Geldmarktfonds, die auf Seite 95 angegeben sind und die ausschließlich in Schuldpapiere investieren, die durch den amerikanischen Staat abgesichert sind. (Man bezeichnet sie auch als „staatliche Geldmarktfonds" oder „Schatz-Geldmarktfonds".)

4. *Sorgen Sie dafür, dass Sie versichert sind.*
Wenn Sie der Ernährer Ihrer Familie sind, wenn Ihr Ehepartner und Ihre Kinder von Ihrer Unterstützung abhängig sind, dann brauchen Sie eine Lebensversicherung und eine Versicherung gegen Invalidität oder Berufsunfähigkeit. Und Sie brauchen eine Krankenversicherung. Denken Sie jedoch beim Versicherungskauf an das KISS-Prinzip: Nehmen Sie eine einfache, günstige Risikolebensversicherung, keine komplexe „Rundum"-Versicherung, die ein kostspieliges Investmentprogramm an die Lebensversicherung koppelt, die Sie eigentlich brauchen. Der größte Kostenfaktor bei einer Berufsunfähigkeitsversicherung ist die Deckung des Einkommensausfalls, wenn man nur einige Monate lang arbeitsunfähig ist. Wenn Sie sich dafür entscheiden, sich gegen dieses überschaubare Risiko selbst abzusichern, können Sie die Kosten erheblich drücken. Der Notfall, gegen den Sie sich eigentlich absichern wollen, ist nämlich eine mehrjährige Arbeitsunfähigkeit. Überlegen Sie sich, ob Sie sich nur gegen größere Verluste versichern. Vergleichen Sie – wie bei allen Finanzprodukten, die Sie kaufen – die Preise. Das zentrale Prinzip lautet: Je mehr Sie dem Anbieter der Finanzdienstleistung bezahlen, umso weniger bleibt für Sie übrig.

5. *Diversifizierung lindert die Angst.*
Bei allen Investmentprogrammen senkt Diversifizierung das Risiko. Sie sollten nicht nur ein paar Stammaktien besitzen, sondern lieber ein breit gestreutes Portfolio. Sie sollten nicht nur US-Aktien halten, sondern auch Aktien aus anderen Ländern, einschließlich Aktien der schnell wachsenden Schwellenländer, zum Beispiel aus China, Brasilien und Indien. Sie sollten außer Aktien auch Anleihen halten. In Zeiten der Finanzkrise fallen zwar tendenziell alle Aktienmärkte der Welt gemeinsam, aber eine breite Diversifizierung reduziert normalerweise sowohl das kurzfristige als auch das langfristige Risiko.

6. *Vermeiden Sie jegliche Kreditkartenschulden – Punkt.*
Es gibt in der Geldanlage wenige absolute Regeln – eine Ausnahme: die Vermeidung von Kreditkartenschulden. Man kommt in diesem Spiel keinen Schritt weiter, wenn man auf seine Kreditkartenschulden 18, 20 oder 22 Prozent Zinsen bezahlt. Wenn man Kreditkartenschulden hat, ist die profitabelste Investition die Abzahlung der Kreditkartenschulden. Konzentrieren Sie Ihre Bemühungen also darauf, sie abzubezahlen.

7. *Ignorieren Sie Mr. Markets Schall und Wahn.*
Die größten Fehler der Anleger bestehen darin, sich von Emotionen beherrschen und sich von der Masse beeinflussen zu lassen. Man fügt sich als Anleger selbst schlimme Kopfschmerzen zu und vermindert seine Rendite, wenn man sich bei seinen Kauf- und Verkaufsentscheidungen nach den Provokationen von Mr. Market

und nach dem allzu menschlichen Herdentrieb richtet. Das gilt vor allem in den unvermeidlichen Zeiten des exzessiven Optimismus und Pessimismus. Wenn alle um Sie her den Kopf verlieren: Stehen Sie einfach ruhig da und *tun Sie nichts.* Richten Sie Ihren Blick und Ihren Verstand weiterhin auf den langfristigen Horizont.

8. *Nutzen Sie preisgünstige Indexfonds.*
Niemand weiß mehr als die Gesamtheit aller aktiven und häufig fachkundigen Anleger, die gemeinsam die Marktpreise der Aktien bestimmen. Es stimmt zwar, dass der Markt ab und zu Fehler macht – manchmal sogar so ungeheuerliche wie die Überbewertung der Hightech- und Internet-Aktien um die Jahrhundertwende. Aber viele der Gelehrten, die den Internet-Crash vorausgesagt haben, hatten den Markt im Jahr 1992 als „erheblich überbewertet" bezeichnet.
Die „Market Timer", die den richtigen Zeitpunkt abpassen wollen, liegen mindestens genauso oft falsch, wie sie richtig liegen; und wenn sie falsch liegen, ist das häufig mit beträchtlichen Kosten verbunden.
Ja, der Markt kann durchaus Fehler machen und macht auch welche, aber versuchen Sie lieber nicht, ihn zu überlisten. Unsere Wertpapiermärkte haben sich in den letzten 50 Jahren von Märkten, die fast vollständig von Privatanlegern beherrscht waren, in Märkte verwandelt, die von Vollzeitprofis und institutionellen Anlegern dominiert werden. Heutzutage sollten nur höchst begabte und gewissenhafte Privatanleger in Erwägung ziehen, einzelne Aktien in dem Bemühen zu kaufen, den Markt zu schlagen.

Wir beiden haben zusammen 100 Jahre Erfahrung, wir bleiben über die professionelle Literatur auf dem Laufenden, wir haben an führenden Universitäten Investment gelehrt und sitzen in Anlageausschüssen überall auf der Welt – und wir sind beide froh, dass wir Index-Investing betreiben. Die meisten professionellen Investoren legen einen beträchtlichen Teil ihrer Aktien- und Anleihen-Portfolios in Indexfonds an, weil das Indexing eine breite Diversifizierung zu niedrigen Kosten und Steuern garantiert. Setzen Sie für alle langfristigen Anlagen Indexfonds ein. Sie erzielen mit Indexfonds keine durchschnittliche Performance. Sie erzielen vielmehr eine überdurchschnittliche Performance, weil die Kostenquote der Indexfonds niedriger ist und weil Sie damit die meisten unnötigen Kosten und unnötigen Steuern umgehen. Im weiteren Verlauf dieses Kapitels empfehlen wir Ihnen konkrete Fonds, die Sie in Betracht ziehen sollten.

9. *Konzentrieren Sie sich auf die großen Investmentkategorien. Meiden Sie „Exoten" wie Venture Capital, Private Equity und Hedgefonds.*
Wir finden, dass man sich auf drei einfache Anlagekategorien konzentrieren sollte: (1) Stammaktien, also Eigentumsbeteiligungen an herstellungs- und dienstleistungsorientierten Unternehmen; (2) Anleihen, also Schuldscheine von Staaten, staatlichen Behörden und Unternehmen; (3) Immobilien, die man am besten in Form seines eigenen Einfamilienhauses kauft.
Wir wissen, dass Vertriebsmitarbeiter Sie mit faszinierenden Geschichten darüber ködern wollen,

wie gewisse exotische Investments – zum Beispiel Hedgefonds, Rohstoffe, Private Equity oder Wagniskapital – einen reich machen können, sogar schnell reich machen können. Hören Sie nicht auf sie. Natürlich erscheinen in den Medien von Zeit zu Zeit faszinierende Storys darüber, dass jemand spektakuläre Gewinne erzielt hat, aber hier sind vier gute Gründe, die dringend für den Verzicht darauf sprechen:

1. Nur die Spitzenperformer einer exotischen Kategorie erzielen großartige Ergebnisse.
2. Die Erfolgsbilanzen der *durchschnittlichen* Performer sind wenig ermutigend, und die Bilanzen des dritten und vierten Quartils können sehr enttäuschend sein.
3. Die Spitzenperformer sind bereits ausgebucht und nehmen keine neuen Investoren mehr an.
4. Wenn Sie sich noch keine herausragende Position als Investor erarbeitet haben, sind die Chancen, bei den Besten zu investieren, realistisch betrachtet gleich *null.*

Wenn Sie keinen großen Privatjet haben, nicht mit Filmstars verkehren und sich nicht außerordentlich gut auskennen, dann können Sie – und sollten Sie – die Exoten ignorieren. Das ist weder für Sie noch für uns beide etwas. Hüten Sie sich! Wenn Sie lange genug nach einem Manager suchen, der Ihnen versichert, er würde mit einem exotischen Produkt große Dinge für Sie tun, dann werden Sie ihn auch finden, aber glauben Sie nicht einmal ansatzweise, dass er sein Versprechen auch wirklich halten wird.

DIE STRUKTURIERUNG DES PORTFOLIOS / DIE ASSET ALLOCATION

Die für Privatanleger richtige Aufteilung hängt von mehreren entscheidenden Faktoren ab. Der Hauptfaktor ist das Alter. Wenn Sie viel Zeit haben, das Auf und Ab des Marktes auszusitzen, können Sie sich eine große Allokation in Aktien leisten. Wenn Sie in Rente sind, ist es klüger, konservativ zu investieren. Ein weiterer Faktor ist Ihre Finanzlage. Eine kränkelnde Witwe, die nicht arbeiten kann und die ihre Anlagen zur Deckung ihrer Lebenshaltungskosten benötigt, möchte nicht aufgrund eines Börsenabschwungs beträchtliche Kapitalmengen verlieren. Sie hat weder den Zeithorizont noch die nötigen Arbeitseinkünfte, um einen größeren Abschwung zu überstehen. Der dritte wichtige Faktor ist Ihr Temperament. Manche Menschen halten es einfach nicht aus, dass ihr Vermögen massiv schwankt, und gewichten deshalb Anleihen und Bargeld in ihrem Portfolio über. Anderen Menschen ist das langfristige Wachstum wichtiger. Jedem das Seine – bei aller Vorsicht. Kennen Sie sich selbst und wählen Sie Ihre Anlagen entsprechend Ihrem Charakter und Ihrer Lebenssituation aus.

KENNEN SIE SICH SELBST UND WÄHLEN SIE IHRE ANLAGEN ENTSPRECHEND IHREM CHARAKTER UND IHRER LEBENSSITUATION AUS.

An einem typischen Wintertag gehen Tausende von Menschen Ski fahren, und fast allen macht es großen Spaß, auf ihrem jeweiligen Niveau auf den Loipen und auf den Hängen zu fahren, die für sie geeignet sind. Das Geheimnis des Erfolges und der Freude liegt in vielen Lebensbereichen darin, dass man seine Fähigkeiten kennt und sich daran hält. Der Schlüssel zum Anlageerfolg liegt darin, dass man sich selbst kennt und im Rahmen seines Anlagegeschicks *und* im Rahmen seiner emotionalen Belastbarkeit investiert.

Es gibt keine Asset Allocation, die zu allen 30-Jährigen, 50-Jährigen oder 80-Jährigen passt. Auch ein 80-Jähriger kann sich für eine Asset Allocation entscheiden, die eher für einen 30-Jährigen geeignet wäre – wenn er plant, den größten Teil seines Vermögens seinen Kindern oder Enkeln zu vererben. Wenn er sein Vermögen vererben möchte, sollte sich die Allokation für den entsprechenden Teil der gesamten Anlagen nach dem Alter des Empfängers richten, nicht nach dem Alter des Gebers.

Der Schlüssel zur erfolgreichen Geldanlage liegt darin, dass man in die Mischung von Vermögenswerten investiert, die unter Berücksichtigung folgender Faktoren am besten für einen geeignet ist:

- Ihre finanzielle Situation: Vermögen, Einkommen und Ersparnisse – jetzt und in Zukunft;
- Ihr Alter;
- Ihre emotionalen Stärken – insbesondere an Höhepunkten und Tiefpunkten des Marktes – und Ihre Einstellung zum Marktrisiko;
- Ihre Investmentkenntnisse und Ihr Interesse an der Geldanlage.

ASSET-ALLOCATION-BEREICHE

Werden wir jetzt konkret. Unter der Annahme, dass Sie bereits eine Bargeldreserve angelegt haben, stellen wir Ihnen jetzt unsere Richtlinien für die Asset Allocation vor – in Form von vernünftigen altersbezogenen Bereichen. Diese sind für 90 Prozent aller Anleger sinnvoll. Es kann sein, dass aufgrund individueller Umstände und Investmentfähigkeiten sowie emotionaler Stärken andere Allokationen für Sie geeignet sind, doch selbst dann sind die angegebenen der Ausgangspunkt.

Außerdem empfehlen wir Ihnen, im eigenen Haus zu wohnen, wenn Sie sich das leisten können. Der Hauptgrund dafür ist die erhöhte Lebensqualität. Aber wenn Sie einen Teil Ihres Geldes in ein Einfamilienhaus stecken, verfügen Sie neben Ihren Investitionen in Aktien und Anleihen im Rahmen Ihres Ruhestandsplans auch noch über ein Immobilieninvestment.

UNSERE RICHTLINIEN FÜR DIE ASSET ALLOCATION ZEIGEN, WIE SIE IHRE ANLAGEMISCHUNG JE NACH ALTER UND ALTERSBEDINGTER RISIKOTOLERANZ VERÄNDERN KÖNNEN.

In den folgenden Tabellen zeigen wir Ihnen, wie Sie Ihre Anlagemischung je nach Alter und altersbedingter Risikotoleranz verändern können. Die erste Tabelle zeigt Burts Empfehlungen. Wir sind beide der Meinung, dass dieses Muster für die meisten Anleger vernünftig und konservativ genug ist. Charley befürchtet, dass es zu konservativ sein könnte, und bietet deshalb auf Seite 105 eine Alternative mit einem größeren Aktienengagement und somit einer größeren Volatilität an.

Die von Charley empfohlene Portfolio-Mischung zielt zwar auf eine höhere *langfristige* Rendite ab, hängt aber entscheidend von dem *kurzfristigen* Durchhaltevermögen des Anlegers ab, weil es mit Sicherheit ab und zu schlechte Marktsituationen gibt. Charley weist darauf hin, dass die meisten jungen Menschen ihr wichtigstes „Kapital" gar nicht einrechnen – ihr persönliches Wissenskapital und den hohen gegenwärtigen Wert ihrer künftigen Arbeitseinkünfte. Burt merkt an, dass man auch arbeitslos werden kann. Beide stimmen absolut darin überein, dass Vorsicht die Mutter der Porzellankiste ist und dass kein Anleger ein Risiko eingehen sollte, das über seinen

Komfortzone hinausgeht. Sowohl Charleys als auch Burts Aktien-Allokationen gehen von Indexfonds aus.

Wir möchten noch einmal betonen, dass die Allokation, für die Sie sich entscheiden, vor allem von Ihrer emotionalen Fähigkeit abhängt, große Ausschläge des Marktwerts Ihres Portfolios auszuhalten. Nicht einmal Ihr Psychiater kann Ihnen die richtige Allokation angeben. Wenn Sie die 100-prozentige Aktien-Allokation eingehen, die Charley jungen Sparern empfehlen würde, dann müssen Sie darauf gefasst sein, dass Ihr Sparschwein manchmal mehr Ähnlichkeiten mit einem Schweinchen oder gar mit einem Ferkel hat, wenn die Aktien steil fallen. Wenn Sie eine derartige Volatilität in Kauf nehmen können, in Ordnung. Aber Burt, der viel Zeit damit verbringt, junge Mitarbeiter der University of Princeton zu beraten, weiß, wie schwer es

Burts Allokationsbereiche für verschiedene Altersgruppen

Altersgruppe	Aktienanteil in %	Anleihenanteil in %
20-30er	75-90	25-10
40-50er	65-75	35-25
60er	45-65	55-35
70er	35-50	65-50
80er und darüber	20-40	80-60

ist, zuzusehen, wenn der Wert des Ersparten schrumpft – und deshalb empfiehlt er tendenziell eine niedrigere Aktien-Allokation. Jungen Menschen, die sich mit jährlichen Marktschwankungen durchaus wohlfühlen, würde Charley sogar 100 Prozent Aktien empfehlen. Er ist froh darüber, dass auch er diese Stratgie verfolgt hat (und sogar noch in seinen frühen Siebzigern).
Wenn Sie durch eine Erhöhung des Aktienanteils in Ihrem Portfolio ein größeres Marktrisiko eingehen, hat es wahrscheinlich zur Folge, dass Sie langfristig eine höhere Rendite erzielen. (Es könnte auch dazu führen, dass Sie mehr schlaflose Nächte durchmachen.) Wenn Sie nicht sicher sind, ob Sie das aushalten und ob Sie schlimme Marktturbulenzen durchhalten, gehen Sie kein zusätzliches Marktrisiko ein. Was den Kompromiss zwischen „gut essen“ und „gut

Charleys Allokationsbereiche für verschiedene Altersgruppen

Altersgruppe	Aktienanteil in %	Anleihenanteil in %
20-30er	100	0
40-50er	65-100	35-0
60er	60-80	40-20
70er	40-60	60-40
80er und darüber	30-50	70-50

schlafen“ angeht, senken Sie den Aktienanteil so weit, dass Sie aufgrund der Kenntnis Ihrer selbst wissen, dass Sie gut schlafen können. Investieren Sie Ihre langfristigen Anlagen in preisgünstige Indexfonds. Die beste Wahl für Ihre Aktieninvestments ist ein Fonds, der in einen Index des weltweiten Aktienmarkts investiert. Wenn Sie sich sehr unwohl damit fühlen, in „ausländische“ Aktien zu investieren, können Sie sich für einen inländischen Gesamtmarkt-Fonds entscheiden. Wir raten Ihnen zur internationalen Diversifizierung, weil die Vereinigten Staaten nicht einmal die Hälfte der weltweiten Wirtschaftsaktivitäten und der Börsenkapitalisierung ausmachen. Was die Anleihen angeht, nehmen Sie einen Anleihen-Indexfonds für die Vereinigten Staaten.

Wenn Sie älter werden, verschieben Sie die Mischung entsprechend den Tabellen in Richtung Anleihen-Investments. Normalerweise geht das ganz leicht, indem man die Zusammensetzung der Jahresbeiträge zum Rentenplan ändert. Wenn diese Verschiebung noch nicht ausreicht, können Sie einen Teil Ihrer Vermögenswerte von Aktien in Anleihen umschichten.

Passen Sie einmal im Jahr die Aktien-/Anleihengewichtung Ihres Portfolios an (Rebalancing). Nehmen wir an, Ihre bevorzugte Allokation besteht in 60 Prozent Aktien und 40 Prozent Anleihen, aber ein überschwänglicher Aktienmarkt hat den Aktienanteil auf 70 Prozent hinaufgetrieben. Dann nehmen Sie ein paar Aktiengewinne mit und stellen dadurch das Verhältnis von 60 zu 40 wieder her.

Wenn eine schmerzliche Baisse den Aktienanteil auf 50 Prozent reduziert hat, verkaufen Sie ein paar Anleihen und kaufen Sie Aktien nach. Und wenn Sie noch andere Anlagen besitzen, achten Sie darauf, dass Sie das Rebalancing in dem steuerbegünstigten Teil Ihres Portfolios vornehmen, damit Sie darauf keine Kapitalertragsteuer entrichten müssen.

GELDANLAGE IM RUHESTAND

Anlegern, die im Ruhestand sind, empfehlen wir einen beträchtlichen Anleihenanteil, weil Anleihen eine relativ stabile Einnahmequelle für die Lebenshaltungskosten darstellen. Als Schutz gegen die Inflation gehören jedoch auch ein paar Aktien dazu sowie inflationsindexierte Anleihen im Rahmen eines Gesamtmarkt-Anleihen-Indexfonds. Die Zinsausschüttungen indexierter Anleihen nehmen in Zeiten steigender Inflation zu, sodass man als Rentner in Inflationsphasen mit einem erhöhten Einkommen rechnen kann.

Bedenken Sie allerdings die wichtige Ausnahme: Wenn Sie das Glück haben, so viel Kapital zu besitzen, dass Sie Ihre Lebenshaltung bestreiten können, ohne das Kapital anzugreifen, können Sie sich für eine Asset Allocation mit höherer Aktiengewichtung entscheiden. Geld, das Sie Ihren Kindern und Enkelkindern hinterlassen wollen, sollten Sie entsprechend deren Alter anlegen, nicht entsprechend Ihrem Alter.

Die meisten Menschen dürften allerdings ihre Ersparnisse im Laufe des Ruhestands aufzehren. Sie stehen dann vor der Entscheidung, ob sie mit einem Teil des Ersparten oder mit der Gesamtsumme eine lebenslange Rente kaufen sollen. Man kann mit einer Versicherung einen Vertrag über eine feste Rente abschließen. Gegen einen festen Betrag, den Sie am Anfang einzahlen, garantiert Ihnen die Versicherung die lebenslange Auszahlung eines festgelegten Rentenbetrags. Solche Annuitäten haben einen wichtigen Vorteil – sie stellen sicher, dass Sie Ihr Geld nicht überleben. Die meisten Finanzplaner empfehlen Rentnern, sich eine Rente zu kaufen.

Manchmal sprechen allerdings persönliche Umstände gegen eine Annuität. Wenn man stirbt, stellt die Versicherung die Zahlungen ein. Bei schlechter Gesundheit ist man darum mit einem solchen Rentenvertrag nicht so gut bedient. Wenn man genügend Mittel hat, um seinen Kindern und Enkelkindern ein beträchtliches Erbe zu hinterlassen, wird man wohl keine Rente kaufen. Und feste Renten haben einen weiteren großen Nachteil: Es erfolgt kein Inflationsausgleich durch Erhöhung der Zahlungen.

Hier also unsere KISS-Empfehlung: Wenn Sie beim Eintritt in den Ruhestand relativ gesund sind (vor allem, wenn Ihre Gene für ein langes Leben sprechen und wenn wenige gravierende Risikofaktoren vorliegen), sollten Sie die Hälfte Ihrer festverzinslichen Anlagen in eine Rente investieren. Somit überleben Sie Ihr Vermögen auch dann nicht, wenn Sie 100 Jahre alt werden. Verhalten Sie sich dabei allerdings wie ein kluger Verbraucher. Kaufen Sie nur die Grundversion der festen Annuität. Ausgeklügelte Renten, die sich an die Inflation anpassen und über diverse Extras verfügen, mögen vielleicht attraktiv *scheinen.* Allerdings bringen sie hohe Kosten mit sich und sind schwer zu analysieren. Vergleichen Sie. Normalerweise machen Sie ein besseres Geschäft, wenn Sie direkt bei der Versicherung kaufen, anstatt einem gierigen Handelsvertreter eine Provision zu bescheren.

JETZT WIRD'S KONKRET

Hier stellen wir die Fonds vor, die Sie unserer Meinung nach für Ihre Aktien- und Anleihen-Anlagen nutzen sollten. Alle empfohlenen Fonds sind breit angelegte Indexfonds und alle sind sehr günstig.

Nicht alle Indexfonds sind gleich; man kann aus Hunderten von Fonds auswählen. Manche Aktienfonds konzentrieren sich auf Großunternehmen (sogenannte hoch kapitalisierte Aktien oder Large Caps). Ein solcher Fonds ist der Indexfonds auf den Standard & Poor's 500 Index.

Andere Indexfonds legen den Schwerpunkt auf kleinere Unternehmen, auf Unternehmen mit starkem Wachstum, auf bestimmte Wirtschaftssektoren oder auf ausländische Unternehmen. Es gibt auch eine Reihe verschiedener Anleihen-Indexfonds, von sehr sicheren kurzfristigen Staatsanleihen bis hin zu riskanten Indizes aus hochverzinslichen Anleihen. Wir raten Ihnen, sich auf zwei breit angelegte Indexfonds zu konzentrieren – einmal auf einen weltweit orientierten Aktienmarktfonds und zweitens auf einen „Total Bond Market“-Fonds.

Wir stellen Ihnen eine Auswahl mehrerer breit angelegter Indexfonds vor. Wir tun das nicht, weil wir der Meinung wären, Sie sollten mehr als einen Fonds von jeder Sorte haben. Beide Autoren haben seit Langem mit der Vanguard Group of Investment Companies zu tun, und wir möchten selbst die Möglichkeit des Anscheins eines Interessenkonflikts vermeiden.

Alle aufgelisteten Fonds erfüllen unser Kriterium der niedrigen Kostenquote. Wir geben Aktien-Indexfonds den Vorzug, die global diversifiziert sind. Die Vereinigten Staaten stellen nur rund 40 Prozent des weltweiten Aktienmarkts. Wir kaufen Autos aus Japan und Deutschland; wir kaufen Weine aus Frankreich, Australien und Chile; und wir kaufen Kleider aus China, Vietnam und Indonesien. Wir sind der Ansicht, auch unser Aktienportfolio sollte global sein. Wenn Sie nicht in einen weltweiten Indexfonds investieren, raten wir Ihnen, nur die Hälfte Ihres Aktienportfolios in einen „US Total Stock Market“-Indexfonds zu investieren und die andere Hälfte in einen internationalen Indexfonds auf den gesamten Aktienmarkt.

Außerdem geben wir Empfehlungen für geeignete US-Indexfonds ab. Wir empfehlen lieber „Total Stock Market“-Fonds als die beliebten Indexfonds, die auf schmaleren Indizes wie zum Beispiel dem S&P 500 Index basieren, der größere Unternehmen enthält. Der S&P 500 repräsentiert nur circa 70 Prozent des Gesamtwerts aller Aktien, die in den Vereinigten Staaten gehandelt werden. Er schließt die 30 Prozent aus, die aus kleineren Unternehmen bestehen, von denen viele äußerst wagemutig sind und das größte Wachstumspotenzial besitzen.

Zahlen ausgewählter Total U.S. Stock Market Index Funds, 2009

Name des Fonds	Index	Ausgabe-aufschlag	Mindest-anlagesumme Erstanlage	Mindest-anlagesumme Folgeanlage	Aktuelle Kostenquote
Fidelity Total Market Index www.fidelity.com; 800-343-3548	Dow/Wilshire 5000	Keiner	10.000 US-$	1.000 US-$	0,10 %
Schwab Total 1000 Investor Class www.schwab.com; 800-435-4000	Eigener Index	Keiner	100 US-$	1 US-$	0,34 %
Vanguard Total Stock Market Index www.vanguard.com; 800-662-7447	Russell 3000	Keiner	3.000 US-$	1 US-$	0,18 %

Zahlen ausgewählter International Stock Market Index Funds, 2009

Name des Fonds	Index	Ausgabeaufschlag	Mindestanlagesumme Erstanlage	Mindestanlagesumme Folgeanlage	Aktuelle Kostenquote
Vanguard Total International Stock Index www.vanguard.com; 800-662-7447	VGTSX	Keiner	3.000 US-$	1 US-$	0,34 %
Fidelity Spartan International Index www.fidelity.com; 800-343-3548	FSIIX	Keiner	10.000 US-$	1 US-$	0,20 %

Zahlen zum Vanguard Total World Stock Index Fund, 2009

Name des Fonds	Index	Ausgabe-aufschlag	Mindest-anlagesumme Erstanlage	Mindest-anlagesumme Folgeanlage	Aktuelle Kostenquote
Vanguard Total World Stock Index www.vanguard.com; 800-662-7447	VTWSX	0,25 %	3.000 US-$	1 US-$	0,50 %

Zahlen ausgewählter Anleihen-Indexfonds, 2009

Name des Fonds	Ausgabe-aufschlag	Mindest-anlagesumme Erstanlage	Mindestanlage-summe Folgeanlage	Aktuelle Kostenquote
Schwab Total Bond Market Index www.schwab.com; 800-435-4000	Keiner	100 US-$	1 US-$	0,55 %
Vanguard Total Bond Market Index Fund www.vanguard.com; 800-662-7447	Keiner	3.000 US-$	100 US-$	0,22 %
Fidelity US Bond Index www.fidelity.com; 800-343-3548	Keiner	10.000 US-$	1 US-$	0,38 %

Alle Fonds in der Tabelle auf Seite 110 sind geeignet, aber achten Sie auf jeden Fall auf die unterschiedlichen Kostenquoten. Wer auf dem Gebiet der Aktienanlage Anfänger ist, sollte mit einem US-Gesamtmarktfonds starten, bevor er einen internationalen Fonds hinzunimmt. Auch ein Indexfonds auf den US-amerikanischen Aktienmarkt liefert in Wirklichkeit eine gewisse weltweite Diversifizierung, weil nämlich viele der „inländischen" multinationalen Unternehmen – von General Electric bis Coca-Cola – einen großen Teil ihrer Geschäfte im Ausland machen. Wir sind allerdings überzeugt, dass man als Anleger einen US-Gesamtmarkt-Indexfonds mit einem internationalen Gesamtmarkt-Indexfonds kombinieren sollte. Die Tabelle auf Seite 111 zeigt unsere Empfehlungen geeigneter internationaler Aktienmarktfonds. Es gibt eine Möglichkeit, aus einer Hand sowohl inländische als auch internationale Aktieninvestments in Form eines einzigen Fonds zu erwerben. Dieser Fond heißt „Total World Stock Index Fund". Die in der Tabelle angegebene Kostenquote ist ein bisschen höher als bei den davor aufgezählten Fonds und ein kleiner Ausgabeaufschlag wird verlangt. Aber es ist eine praktische Möglichkeit, mit einem einzigen Fonds die breitestmögliche Diversifizierung zu erhalten.

DIE INVESTITION IN DEN TOTAL WORLD STOCK INDEX FUND IST EINE PRAKTISCHE MÖGLICHKEIT, MIT EINEM EINZIGEN FONDS DIE BREITESTMÖGLICHE DIVERSIFIZIERUNG ZU ERHALTEN … ALLES AUS EINER HAND.

Ein gut diversifiziertes Portfolio sollte außer Aktien auch Anleihen enthalten. Auch hier sind wir überzeugt, dass Indexfonds das effizienteste Anleihen-Vehikel für Privatanleger darstellen. Auf Seite 113 geben wir drei Anleihen-Indexfonds an, die als Anlagen geeignet sind.

Wir glauben, dass man sich mit den hier angegebenen Fonds sinnvoll am Aktien- und am Anleihenmarkt engagieren kann. Man kann sie ganz einfach über die angegebenen gebührenfreien Telefonnummern oder über die entsprechenden Internetseiten kaufen.
Manche Anleger halten vielleicht börsennotierte Fonds, sogenannte ETFs (Exchange-Traded Funds), für nützliche Anlageinstrumente. ETFs – die meisten basieren auf Indexfonds – werden wie einzelne Aktien gehandelt. Die beiden beliebtesten ETFs sind die QQQQs (oder „Cubes“), die den Nasdaq 100 Index nachbilden, und die „Spyders“ (Tickersymbol SPY, wodurch sich die seltsame Schreibweise erklärt), die den Standard & Poor’s 500 Aktienindex nachbilden. Keiner dieser ETFs ist so breit, wie wir uns das wünschen, doch glücklicherweise gibt es jetzt neue ETFs, die Gesamtmarktindizes aus den Vereinigten Staaten und der Welt nachbilden.
Die Tabelle auf Seite 116 zeigt das von uns empfohlene ETF-Menü. ETFs haben meist eine sehr niedrige Kostenquote und sie können steuergünstiger als Investmentfonds sein, weil sie Positionen verkaufen können, ohne dass dadurch ein steuerpflichtiges Ereignis anfällt. Das kann für steuerpflichtige Anleger ein Vorteil sein. Allerdings werden beim Kauf von ETFs Brokergebühren fällig, die bei kleinen und mittleren Mengen die anderen Vorteile überwiegen können. Bei sogenannten No-Load-Index-Investmentfonds wird normalerweise kein Ausgabeaufschlag erhoben. Wenn man allerdings einen großen Betrag auf einmal investiert (etwa wenn man einen bereits bestehenden Plan, zum Beispiel einen Rentenplan, umschichtet), kann ein ETF die beste Wahl sein.
Der Vanguard Total World ETF (Tickersymbol VT) bietet Ihnen die inländische und weltweite Diversifizierung, die Sie brauchen, und zwar aus einer Hand.

Börsennotierte Fonds (ETFs)

	Tickersymbol	Kostenquote
US-Gesamtmarkt		
iShares Russell 3000	IWV	0,20 %
Vanguard Total Stock Market	VTI	0,07 %
Gesamtmarkt Welt ohne USA		
Vanguard FTSE All World	VEU	0,20 %
SPDR MSCI ACWI	CWI	0,34 %
Gesamtmarkt Welt einschließlich USA		
Vanguard Total World	VT	0,29 %
iShares MSCI ACWI	ACWI	0,35 %
Gesamter US-Anleihenmarkt		
Vanguard Total Bond Market	BND	0,11 %
iShares Barclays Aggregate	AGG	0,20 %

Auf einen Blick: KISS-Investing

Die Schritte zum komfortablen, sorgenfreien Ruhestand sind zwar wirklich einfach, doch sie erfordern Disziplin und emotionale Stärke.

1. Sparen Sie regelmäßig und fangen Sie frühzeitig damit an.
2. Nutzen Sie vom Arbeitgeber und vom Staat geförderte Rentenpläne als Turbo für Ihre Ersparnisse und um Ihre Steuern zu minimieren.
3. Diversifizieren Sie mithilfe preisgünstiger „Total Market"-Indexfonds und verschiedener Anlagetypen breit über verschiedene Wertpapiere.
4. Stellen Sie durch jährliches Rebalancing die für Sie richtige Anlagemischung wieder her.

5. Halten Sie Kurs und ignorieren Sie Marktschwankungen; sie verleiten zu schweren, kostspieligen Anlagefehlern. Konzentrieren Sie sich auf die langfristige Perspektive.

KISS Investing – Keep It Simple, Sweetheart – ist der beste, einfachste, günstigste und sorgenfreie Weg zur finanziellen Sicherheit im Ruhestand. Schlagen sie zu!
Apropos „Sweethearts“: Alle Ehefrauen und alle Ehemänner sollten davon ausgehen können, dass beide *alles* über ihre Geldanlagen wissen. Und da jeder von uns in Bezug auf Geldanlagen, Märkte und Geld emotional anders gestrickt ist, sollten sich Familien immer und immer wieder über ihre Gedanken und Gefühle austauschen. So gelingt es ihnen, den Gegenüber zu verstehen und Entscheidungen gemeinsam zu treffen.

Empfohlene Lektüre

Wenn Sie mehr über Geldanlage wissen wollen, empfehlen wir Ihnen folgende Bücher:

Bogle, John C.: *Common Sense on Mutual Funds: New Imperatives for the Intelligent Investor*, John Wiley & Sons 2000.
Bogle, John C.: *Keine Investment-Zauberformel. Börsengewinne mit gesundem Menschenverstand*, Börsenmedien 2008.
Clements, Jonathan: *25 Myths You've Got to Avoid – If You Want to Manage Your Money Right: The New Rules for Financial Success*, Fireside 1999.
Ellis, Charles D.: *Winning the Loser's Game. Timeless Strategies for Successful Investing*, 5th edition, McGraw-Hill 2009.
Graham, Benjamin: *Intelligent investieren. Der Bestseller über die richtige Anlagestrategie*, FinanzBuch 2005.

Malkiel, Burton G.: *Börsenerfolg ist (k)ein Zufall: Die besten Investmentstrategien für das neue Jahrtausend*, FinanzBuch 1999.
Swensen, David F.: *Erfolgreich investieren. Strategien für Privatanleger*, Murmann 2006.
Swensen, David F.: *Proaktive Portfolio-Strategien – Innovative und erfolgreiche Wege im institutionellen Investment*, Murmann 2006.
Tobias, Andrew: *The Only Investment Guide You'll Ever Need*, Harvest Books 2005.
Zweig, Jason: *Gier. Neuroökonomie: Wie wir ticken, wenn es ums Geld geht*, Hanser Fachbuch 2007.

Über die Autoren

BURTON G. MALKIEL

Burton G. Malkiel ist Chemical Bank Chairman's Professor of Economics an der Princeton University und Autor des Bestsellers *Börsenerfolg ist (k)ein Zufall*. Malkiel gehörte unter anderem dem Team von Wirtschaftsberatern des US-Präsidenten an, war Dekan der Yale School of Management, Professor der Wirtschaftswissenschaftlichen Fakultät der Princeton University und Mitglied im Verwaltungsrat diverser Großunternehmen.

CHARLES D. ELLIS

Charles D. Ellis arbeitet als Berater für große staatliche und privatwirtschaftliche institutionelle Investoren. Drei Jahrzehnte lang war er aktiver Teilhaber von Greenwich Associates. Er ist Vorsitzender des Whitehead Institute und sitzt in den Verwaltungsräten von

Vanguard sowie der Robert Wood Johnson Foundation. Er hat sowohl in Harvard als auch in Yale Investitionslehre unterrichtet und mehr als 15 Bücher geschrieben, unter anderem den Bestseller *Winning the Loser's Game*.

Sebastian Grebe / Sascha Grundmann / Frank Phillipps: Crashkurs Börse
232 Seiten / broschiert / 17,90 €
ISBN: 978-3-938350-67-6

Markus Horntrich: Crashkurs Charttechnik
200 Seiten / broschiert / 17,90 €
ISBN: 978-3-938350-57-7

Leon Müller: Crashkurs Emerging Markets
214 Seiten / broschiert / 17,90 €
ISBN: 978-3-938350-58-4

Alexander Natter: Crashkurs Zertifikate
200 Seiten / broschiert / 17,90 €
ISBN: 978-3-938350-43-0

Alexander Natter: Crashkurs Fonds
192 Seiten / broschiert / 17,90 €
ISBN: 978-3-938350-41-6

Jeff Matthews – Warren Buffett

Auf Pilgerfahrt zum Orakel von Omaha: Einmal pro Jahr lädt die Investment-Legende zur Hauptversammlung von Berkshire Hathaway nach Omaha – und alle kommen. Jeff Matthews nahm an der heiß begehrten Veranstaltung teil, die allein zahlungskräftigen Aktionären vorbehalten ist. Mit diesem Buch werfen auch Sie einen Blick hinter die Kulissen!

432 Seiten / gebunden mit SU / ISBN: 978-3-941493-06-3 / 27,90 €